Der Google-Code

Der Google-Code

Henk van Ess

 ADDISON-WESLEY

An imprint of Pearson Education

München • Boston • San Francisco • Harlow, England
Don Mills, Ontario • Sydney • Mexico City
Madrid • Amsterdam

Bibliografische Information der Deutschen Nationalbibliothek

Die Deutsche Nationalbibliothek verzeichnet diese Publikation
in der Deutschen Nationalbibliografie; detaillierte bibliografische Daten
sind im Internet über http://dnb.d-nb.de abrufbar.

Die Informationen in diesem Produkt werden ohne Rücksicht auf einen eventuellen
Patentschutz veröffentlicht. Warennamen werden ohne Gewährleistung der freien
Verwendbarkeit benutzt. Bei der Zusammenstellung von Abbildungen und Texten
wurde mit größter Sorgfalt vorgegangen. Trotzdem können Fehler nicht vollständig
ausgeschlossen werden. Verlag, Herausgeber und Autoren können für fehlerhafte
Angaben und deren Folgen weder eine juristische Verantwortung noch irgendeine
Haftung übernehmen. Für Verbesserungsvorschläge und Hinweise auf Fehler sind
Verlag und Herausgeber dankbar.

Autorisierte Übersetzung der niederländischen Originalausgabe: „De Google Code".
Authorized translation from the dutch language edition, entitled De Google Code by
Henk van Ess, published by Pearson Education, Benelux, Copyright © 2010.

Fast alle Hardware- und Softwarebezeichnungen und weitere Stichworte und
sonstige Angaben, die in diesem Buch verwendet werden, sind als eingetragene
Marken geschützt. Da es nicht möglich ist, in allen Fällen zeitnah zu ermitteln, ob
ein Markenschutz besteht, wird das ®-Symbol in diesem Buch nicht verwendet.

10 9 8 7 6 5 4 3 2 1

13 12 11

ISBN 978-3-8273-3036-9

© 2011 by Addison-Wesley Verlag,
ein Imprint der Pearson Education Deutschland GmbH,
Martin-Kollar-Straße 10–12, D-81829 München/Germany
Alle Rechte vorbehalten
Übersetzung: Alexandra Brodmüller-Schmitz
Korrektorat und Satz: G&U Language & Publishing Services GmbH, Flensburg
(www.GundU.com)
Fachlektorat: Ulf Grüner
Lektorat: Brigitte A. Bauer-Schiewek, bbauer@pearson.de
Herstellung: Martha Kürzl-Harrison, mkuerzl@pearson.de
Coverkonzeption und -gestaltung: Marco Lindenbeck, webwo GmbH,
mlindenbeck@webwo.de
Druck und Verarbeitung: Bercker, Kevelaer

Printed in Germany

Inhaltsverzeichnis

Vorwort

Bisher scheint die Internet-Recherche ziemlich einfach. Da tippt man was bei Google rein. Drückt auf den Start-Knopf. Wartet ne Sekunde oder zwei. Und ärgert sich. Viel zu viel Links hier. Viel zu viel Werbung. Viel zu viel Gedöns. Sicher, oft haben wir Glück. Da reichen dann ein paar hingehuschte Suchworte. Google findet trotzdem was Passendes. Irgendwas irgendwie Brauchbares ist schon dabei. Google ist ja nicht doof. Manchmal sogar richtig gut und einfach. Wer mehr Wert auf Qualität legt, wer mehr wissen will, dem reicht das natürlich nicht. Wir reden hier schließlich nicht über Glücksspiel, sondern über Internet-Suche. Dann muss man Suchworte kombinieren mit der erweiterten Suche bei Google und man greift zu Google-Hacks und muss Spezial-Suchmaschinen kennen. Internet-Recherche war halt nur scheinbar einfach.

Jetzt ist es wirklich einfach. Weil Henk van Ess das perfekte Such-Prinzip gefunden hat, es anschaulich erklärt und auf den Punkt bringt. Genau, es geht ums Prinzip. Und das heisst Google-Code. Wie ein Code-Wort, das verschlossene Schatzkammern öffnet.

Die Idee ist einfach und funktioniert einfach. Nur die Umstellung wird nicht allen Lesern leicht fallen. Denn der Google-Code kombiniert Strategie, Nachdenken und Erfahrung. Je konsequenter und öfter man das Such-Prinzip anwendet umso einfacher wird es.

Wir haben den Google-Code dringend nötig. Die Internet-Welt wird unübersichtlicher. Rund zwei Milliarden Menschen tummeln sich im Internet. Im Oktober 2010 waren 232.839.963 Websites online. 80 Millionen Domain-Names sind aktiv, 240 Millionen registriert. Allein bei Flickr gibt es mehr als vier Milliarden Fotos zu sehen. Rund sechs Millionen Menschen haben den Twitter-Feed von Ashton Kutcher abonniert. Und wer findet in all dem Wust genau die Informationen, die ich jetzt haben möchte? Der Google-Code.

Übrigens: Wenn Sie jetzt dieses Buch lesen und den Google-Code konsequent anwenden, dann haben Sie bald ein Luxus-Problem. Sie werden sehr viele nützliche Informationen finden, die Sie gern auf Ihrem Rechner sichern möchten. Auch dafür gibt es eine Lösung. Die Zusatzprogramme Scrapbook (https://addons.mozilla.org/de/firefox/addon/427/) und Zotero (zotero.org) für den Firefox-Browser sind kostenlos. Damit sichern Sie Webseiten oder Teile von Webseiten bequem auf der Festplatte, inklusive automatischem Datumsstempel und Link zur Original-Website.

Viel Erfolg mit dem Google-Code!

Ulf Grüner
Journalist, Recherche-Berater, Lehrbeauftragter für Journalismus
www.ulfgruener.de

Einleitung

Kaufen Sie dieses Buch, wenn ...

1. Sie glauben, dass dies hier eine vernünftige Suche ist:

Sie suchen im Web echte Bewerbungsschreiben und geben in Google ein:

Was für ein profaner Anfang für ein Buch. Wenn ich Bewerbungsschreiben suche, gebe ich doch einfach Bewerbungsschreiben ein, oder?

Wer schreibt in seiner Bewerbung denn schon: „In der Anlage sende ich Ihnen mein Bewerbungsschreiben"? Haben Sie das je so gemacht? Nach der Lektüre von *Der Google-Code* verstehen Sie, warum das schon besser ist:

Mit dieser Suche haben Sie viel mehr Erfolg. Geben Sie nicht die Frage ein, sondern nehmen Sie ein Teil der Antwort vorweg. Willkommen beim Google-Code!

2. Sie das als einfache Frage empfinden:

Sie suchen eine Karte der ehemaligen DDR und geben in Google ein:

Wenn ich nach einer Karte von der DDR suche, gebe ich Karte und DDR ein.

Tatsächlich ist das eine knifflige Aufgabe. Der Schlüssel zur richtigen Antwort ist die folgende Formulierung:

Diese Suche liefert viel bessere Resultate. Wie Sie an die richtigen Wörter kommen? Das erfahren Sie in diesem Buch.

3. Sie nicht verstehen, was hier steht:

Google   google -site:google.* -site:google.*.*

Ungefähr 2.370.000.000 Ergebnisse (0,14 Sekunden)

Ich möchte wissen, was andere Leute über Google sagen und möchte natürlich keine Webseiten sehen, die von Google selbst stammen. Das erreichen Sie mit dieser Such- anfrage.

Mein Name ist Henk van Ess. Ich bin Journalist, Internetberater und Referent. Zudem schule ich kluge Menschen im In- und Ausland darin, wie Sie Internet und Multimedia besser einsetzen können.

Wenn es um das Suchen im Web geht, versteht nicht jeder, wozu ich nötig bin. „Gut suchen, das kann ich doch schon längst? Das geht mit Google doch prima? Sie lösen ein nicht vorhandenes Problem."

Ich weiß nicht, ob Sie schon gut suchen können. Daher die drei Fragen zu Beginn dieses Vorworts. Kennen Sie eine oder mehr Antworten nicht, dann gehen Sie jetzt zur Kasse. Dieses Buch stellt die Art und Weise, wie Sie suchen, völlig auf den Kopf.

Der *Google-Code* ist keine Anleitung, die Sie neben Ihren Rechner legen. Den Computer benötigen Sie beim Lesen dieses Buchs nicht. Hier lernen Sie, auf eine neue Art zu denken. Die Methode ist überraschend einfach. Das Ziel sind kürzere und zuverlässigere Suchergebnisse. Das Mittel dazu ist, anders- herum zu denken. Stellen Sie nie wieder eine Frage, sondern nehmen Sie die Antwort vorweg.

Die erste Auflage dieses Buchs war in weniger als sieben Wochen ausverkauft. Die zweite Auflage enthält einige kleine Verbesserungen. Mein Dank an die freie Journalistin Carla Desain und den NRC-Journalisten Ewoud Sanders, die unent- geltlich jede Seite kontrolliert haben.

Manche Leser fragen sich, warum die Suchbeispiele in diesem Buch nicht immer nachvollziehbar sind. Das liegt daran, dass Google ständig an der Reihenfolge der Ergebnisse herumdoktert. In diesem Buch stehen mitunter andere Websites an erster Stelle als bei Ihnen. Das ist für die Anwendung des Google-Codes nicht tragisch. Es geht um die grundlegende Systematik Ihrer Suche. Die abgedruck- ten Beispiele illustrieren das nur.

Die Intelligenz einer Suchmaschine ist nicht besonders groß. Das führt täglich zu vielen Unfällen. Im Beispiel von der **Karte von der DDR** verschlägt es Sie schnell zu Informationen über eine Grafikkarte, die DDR-Speicher (Double Date Rate) verwendet, aber mit dem ehemaligen Staat DDR natürlich nichts zu tun hat.

Nerds siegen gegen Ossis: Das ist etwas ganz anderes als eine geografische Karte von Ostdeutschland. Sind Sie über dieses schlechte Suchergebnis von Google verärgert? Dann ärgern Sie sich eigentlich über sich selbst. Erst mit einer intelligenten Such- anfrage erreichen Sie gute Ergebnisse.

Vergessen Sie alles, was Sie über das Suchen wissen. Wenden Sie von nun an den „Google-Code" an. Sie brauchen nur gut 130 Seiten zu lesen, um Ihr Suchverhalten zu verändern, mehr nicht.

Kommen Sie mit auf diese besondere Expedition ins Internet. Erleben Sie, wie Sie mit präziserem Suchen schneller ans Ziel kommen. Suchen Sie mit Antworten, um bessere Antworten zu finden.

Dank an die Twitterer @carlamondig, @bramvermeer, @pvenpven und @basbroekhuizen für ihre Hinweise und Einwände während des Schreibens dieses Buchs.

Henk van Ess
Twitter: @henkvaness
E-Mail: henk@vaness.nl

1.

Der Google-Code

In diesem Kapitel lernen Sie eine eigenwillige, jedoch äußerst effektiven Suchmethode kennen. Richten Sie keine Fragen mehr an Google, sondern nehmen Sie den Anfang einer Antwort vorweg. Sie lernen außerdem, dass Parkinson nicht tödlich ist.

Google ist kein Orakel, sondern eine Maschine. Sie kennt den Inhalt von Milliarden von Webseiten und vergleicht diesen mit Ihrer Suchanfrage. Wenn Sie in Google suchen, dann spielen Sie gewissermaßen eine Partie Memory.

Wenn Sie Ihre Frage auf den Tisch legen, sucht Google die dazugehörige Antwort. Die Maschine nimmt Ihre Frage sehr wörtlich.

Die Intelligenz muss von Ihnen kommen, nicht von Google. Verlassen Sie sich zu sehr auf die Suchmaschine, geht tagtäglich sehr viel schief. Ihre Ergebnisliste wird zu lang, zu unklar, zu kurz, unzuverlässig, undeutlich, nicht interessant, unlesbar oder unsinnig. Schon ein kleiner Buchstabe kann den Unterschied ausmachen sein. Nehmen wir z.B. an, Sie suchen mit der folgenden Anfrage nach einem Foto von einem Fiat Punto:

Google	Foto Punto	Suche

Ungefähr 39.800.000 Ergebnisse (0,19 Sekunden)   Erweiterte Suche

- Alles
- Bilder
- Mehr

Das Web

Fotopunto: modelos, fotógrafos, agencias de modelos, maquilladoras
... - [Diese Seite übersetzen]
Date de alta como modelo, fotógrafo, maquilladora, estilista, agencia de modelos , etcétera
... Selección y casting de modelos y profesionales de la ...
www.fotopunto.com/ - Im Cache - Ähnliche

Modelos   Zona de gestión

Stattdessen landen Sie bei einer spanischen Fotomodell-Site.
Mit *Foto Punto* finden Sie als erstes Ergebnis nichts Brauchbares, mit *Fotos vom Punto* aber schon:

Erfahrene Sucher wissen, was hier fehlt: Anführungszeichen. Diese kommen an anderer Stelle in diesem Buch zum Einsatz.

Die wichtige Änderung bestand hier darin, das **s** in **Fotos** zu ergänzen. Der Unterschied zwischen einem guten und einem schlechten Ergebnis ist in diesem Fall der Unterschied zwischen Plural und Singular. Sind Sie auf der Suche nach einer Zeichnung von einer Boeing 737? Dann scheint „*construction design*" *Boeing* eine gute Wahl. Aber Achtung, Profis sprechen ihre eigene Sprache und leben mitunter in ihrer eigenen Welt. So sehr, dass auf der Zeichnung oder dem zugehörigen Text nicht die Bezeichnung „construction design" erscheint. Ein Zeichner weiß selbst, dass es eine Konstruktionszeichnung ist, und erwähnt das im Dokument selbst natürlich nicht. Daher können Sie die Arbeit eines Experten nicht einfach mit Hilfe von geläufigen Ausdrücken finden.

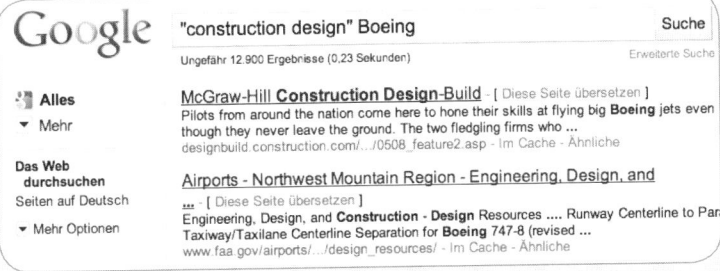

Mit „construction design" Boeing landen Sie bei einer Passage aus diesem Buch und nicht bei einer Konstruktionszeichnung einer Boeing.

Noch ein Beispiel. Sie suchen in Google echte Bewerbungsschreiben, keine
Muster. Welche Frage stellen Sie dann? Meistens bekomme ich diese Antwort:

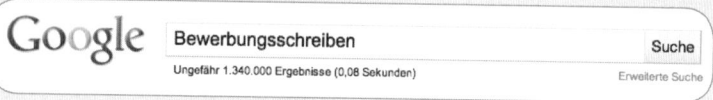

Sie landen bei einer Site mit Musterbewerbungen, nicht mit echten:

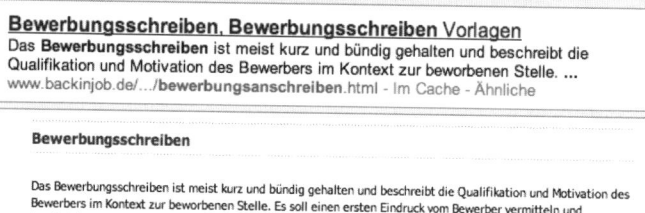

Vielleicht sagen Sie: „Ich suche einfach eine Site mit Bewerbungen, dann ist das
doch prima!" Natürlich, aber Ihr Ziel war es, ein echtes Bewerbungsschreiben
zu finden. Denken Sie erneut nach. Was funktioniert besser? Warum ist „Bewerbungsschreiben" nicht klug, wenn Sie nach Bewerbungsschreiben suchen?
Haben Sie je Folgendes in einer Bewerbung geschrieben:
„Anbei sende ich Ihnen eines meiner Bewerbungsschreiben."?
Warum nicht? Wer ein Bewerbungsschreiben versendet, sagt im Bewerbungsschreiben nicht, dass es ein Bewerbungsschreiben ist. Das wissen die Empfän-
ger bereits. Kurzum, ein Bewerbungsschreiben *existiert* einfach. In dem Brief
selbst wird darauf nicht aufmerksam gemacht. In einem Gedicht steht meistens
nicht das Wort *Gedicht*. Auf einem Etikett steht nicht, dass es ein *Etikett* ist.
Gedichte und Etiketten sind uns geläufig.
Und doch erwarten Sie, dass der Suchbegriff „Bewerbungsschreiben" in einem
Bewerbungsschreiben steht. Die Suchmaschine hat Sie enttäuscht. Sie meckern
über das Ding und sagen: „Was ich suche, gibt es einfach nicht, ich gebe also
auf." Sie haben jetzt keine blasse Ahnung mehr, wo Sie suchen müssen.
Kein Wunder. Sie suchen nach Begriffen, die sich nicht im gesuchten Dokument
befinden. Keine Suchmaschine der Welt kann Ihnen dabei helfen. Wie Sie mit-
hilfe des Google-Codes trotzdem ein echtes Bewerbungsschreiben finden, lesen
Sie auf Seite 119.

Benutzen Sie den „Google-Code". Gehen Sie nicht von dem aus, was Sie suchen, sondern von dem, was Sie finden möchten. Stellen Sie keine Frage, sondern geben Sie die Antwort. Stellen Sie sich vor, was Sie suchen. Versuchen Sie logisch zu kombinieren, wie die gesuchte Information formuliert sein könnte. Welche Begriffe verwendet jemand, um meine Frage zu beantworten? Der beste Weg, um die richtigen Worte zu finden, ist so zu tun, als ob Sie selbst der Verfasser der Antwort wären.

Ein Beispiel: Ich nutze den Google-Code für die Frage: „Was ist Twitter?"

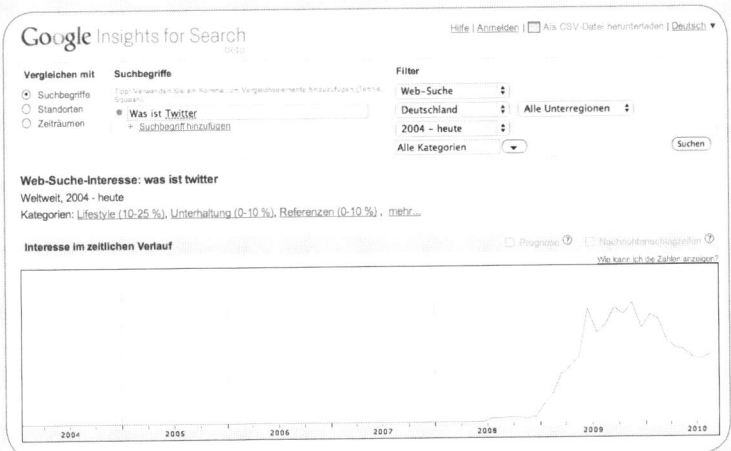

Dieses Bild zeigt, das die breite Masse erst seit 2009 kräftig danach gesucht hat, was es mit Twitter auf sich hat.

Laut Google-Statistik geben die meisten Benutzer einfach die Frage *Was ist Twitter* ein. Ist das die beste Lösung? Sie fragen Google nach allen Quellen, die die Wörter *was ist Twitter* auf einer Seite haben. Aber was ist, wenn der Autor der Website andere Begriffe verwendet? Wenn er z.B. schreibt, wie Twitter *funktioniert?*

Auch damit kommen Sie nicht weiter, sondern landen auf einer Seite, auf der sich andere fragen, wie Twitter funktioniert.

Wagen wir einen zweiten Versuch:

Dieses Dokument erläutert eben gerade nicht die Funktionsweise von Twitter.

Zeit für den Google-Code!

Wie würden Sie selbst erklären, wie Twitter funktioniert? Sie müssen nicht die ganze Antwort vorwegnehmen, sondern nur den Anfang. Wahrscheinlich fängt Ihre Antwort so an: „Mit Twitter können Sie ..."

Den Rest der Antwort kennen Sie zwar nicht, aber genau das ist der Trick beim Google-Code. Sie brauchen nur den Anfang. Sehen Sie sich die folgende Anfrage an:

Stellen Sie keine Fragen, sondern verfassen Sie Antworten.

Warum Anführungszeichen? Damit legen Sie und nicht Google die Reihenfolge der Wörter fest. Ohne Anführungszeichen können die Wörter irgendwo auf der Seite stehen, mit müssen sie exakt in der Reihenfolge vorkommen, in der Sie sie eingeben.

Sie überlegen sich im Voraus einen Teil der Antwort. Wenn Sie das gut machen, bekommen Sie den zweiten Teil geliefert. Ihr Ergebnis ist nicht nur genau, vielmehr nimmt die Anzahl der Ergebnisse rapide ab, wenn Sie Anführungszeichen verwenden und mit mehreren Wörtern suchen.

Der ultimative Google-Code für die Frage „Was ist Twitter" ist verblüffend einfach:

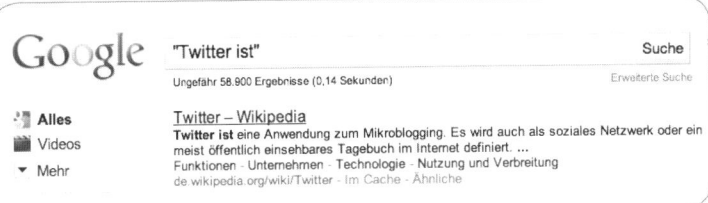

Neben *Twitter* verwende ich hier nur noch das Wort *ist*. Das kleine Wort *ist* ist, wenn Sie denken wie ein Autor, eine prima Methode, um Meinungen oder Aussagen über etwas zu finden. Betrachten Sie die folgenden Beispiele:

Wie suchen Sie? Studien zeigen, dass die meisten Menschen nicht mehr als drei Wörter eingeben, meistens sogar nur zwei bzw. eins. Hier sehen Sie eine Liste mit den Suchanfragen in <u>Google.de</u> aus den letzten sieben Tagen.

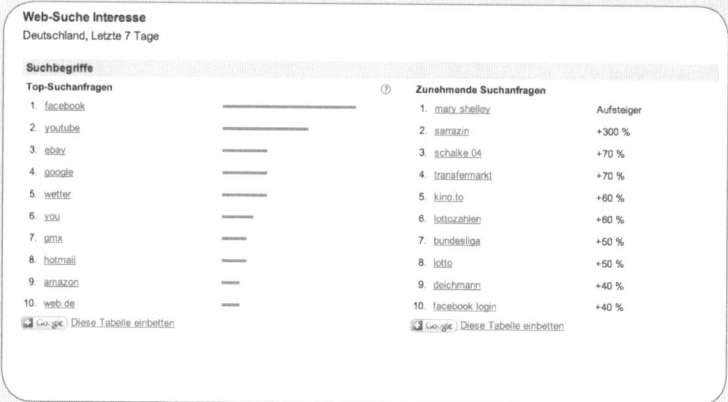

Mitunter schleichen sich Tippfehler in die Suche ein, doch Google löst das Problem derzeit unmittelbar bei der Eingabe. Sie erhalten den Vorschlag, die Schreibweise des Worts zu ändern, und sehen außerdem schon die ersten zwei Websites, auf denen der Begriff in der richtigen Schreibweise vorkommt.

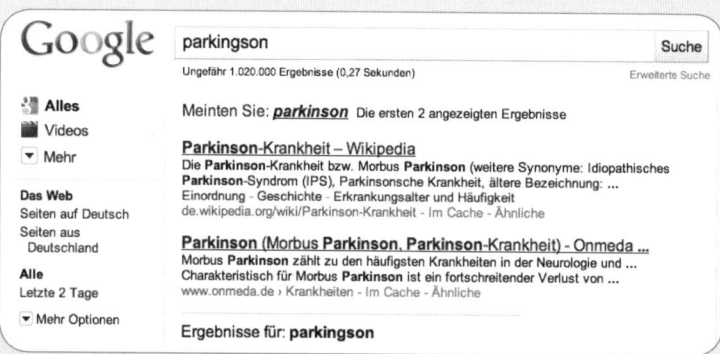

Wer schnell klickt, sieht nicht einmal, dass seine Suchanfrage fehlerhaft war.

Hier möchte jemand mehr über die Parkinson-Krankheit wissen. Meistens hat ein Suchender jedoch eine weitere Absicht. Angenommen, die tatsächliche Frage lautet: Wie tödlich ist Parkinson? Was wäre dann eine gute Suche?

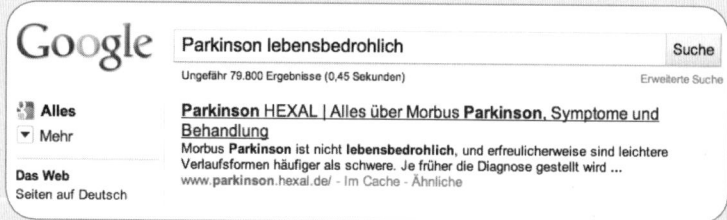

Das oberste Ergebnis ist nicht relevant.

Wenden Sie jetzt den Google-Code an. Wie würden Sie eine Antwort beginnen? Es sind nur zwei Antworten möglich: Die Krankheit ist tödlich oder die Krankheit ist nicht tödlich. Geben Sie das in Google ein:

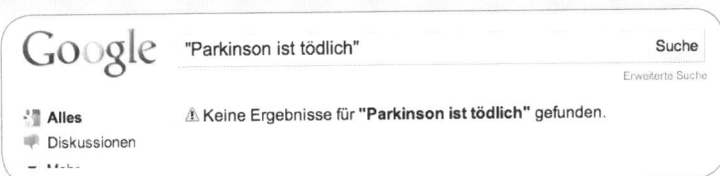

Die Suche liefert kein Ergebnis. Ist die Krankheit etwa nicht tödlich? Fragen Sie Google:

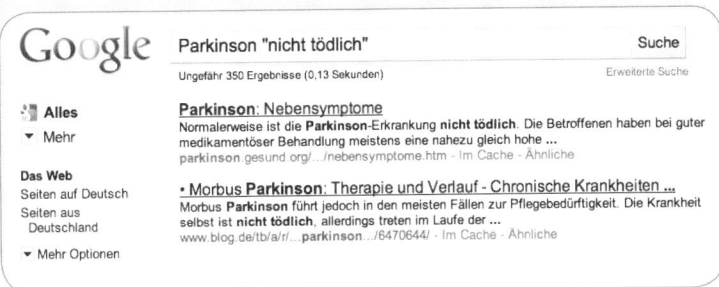

Ja, so ist es. Die offizielle Parkinson-Vereinigung erklärt genau das auf ihrer eigenen Site. Alles, was Sie getan haben, um die Antwort zu finden, ist, die Antwort selbst zu geben.

Angenommen, Sie suchen eine *Zugverbindung in die Bretagne*. Im letzten Kapitel lernen Sie noch ein besonderes Werkzeug kennen, mit dem Sie den Google-Code noch präziser auf Ihre Frage abstimmen. Ich zeige Ihnen vorab schon, wie Sie nur in Überschriften im Titel der Webseite suchen und damit nicht im Text selbst. Das machen Sie mit **allintitle:**.

Der Erfolg hängt von der richtigen Wortwahl ab: Mit **Zug** statt **Bahn** geht es von der Schweiz aus in die Bretagne.

Da es in der Überschrift steht, wird der Autor wahrscheinlich im restlichen Text darüber schreiben. Sie erwarten irgendwo im Web eine Seite, in deren Titel eine Überschrift mit den Wörtern **Bahn** und **Bretagne** steht. Und das stimmt:

Bahn-Anreise Bretagne

Bahn-Anreise Bretagne per TGV Thalys: Für die Bahn-Anreise Bretagne per TGV- und Thalys-Zügen finden Urlauber wichtige Reise-Informationen.

Reiseinformationen zum Bahn fahren in Frankreich und Bretagne bei Bretagne-Netz sind u.a. TGV Strecken und TGV Bahnhöfe Bretagne, Thalys Strecken und Verbindungen, Bahntickets, Fahrkarten TGV online, Bahnfahren mit Handicap und Bahnfahren mit Gepäck (Fahrräder, Kinderwagen, Surfbrett)

Bahnanreise Bretagne mit TGV - komfortabel und schnell

Bretagne
Erholsamer Naturolaub in den schönsten Landstrichen der Bretagne

Google -Anzeigen

TGV Bahnstrecken und TGV Bahnhöfe Bretagne

Der TGV oder auch Train Grande Vitesse ist nicht nur der schnellste Zug auf den Bahnstrecken in der Bretagne, Frankreich bis nach Deutschland. Der schnelle und supermoderne Zug hat im Gegensatz zu den ICE-Zügen bisher auch keine schwerwiegenden technischen Probleme, im Gegenteil.

Das Streckennetz für TGV-Zugverbindungen wird ständig erweitert und modernisiert und die Angebote für Bahnfahrten in die Urlaubsziele der Bretagne werden dank des TGV ständig erweitert.

Etwas exotischer ist die Suche nach einer Strecke in Marokko:

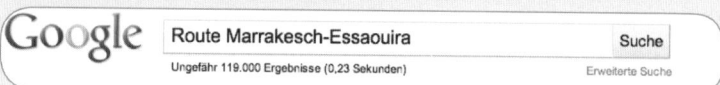

Google   Route Marrakesch-Essaouira   Suche

Ungefähr 119.000 Ergebnisse (0,23 Sekunden)   Erweiterte Suche

Keine schlechte Suche, aber mit dem Google-Code könnte sie besser sein. Welcher Passus kommt in nahezu allen Wegbeschreibungen vor? Keine Idee? Macht nichts. Öffnen Sie ein paar andere Wegbeschreibungen in Google und suchen Sie etwas, das in allen Dokumenten wiederkehrt. Es ist nicht immer das Wort **Strecke**.

Was jedoch fast überall erwähnt wird, ist „von … nach …" z.B. von Marrakesch nach Essaouira. Geben Sie das also ein. Benutzen Sie Englisch, um die Anzahl der Treffer zu erhöhen:

Jetzt kennen Sie den Google-Code. Im letzten Kapitel wird dieses Thema vertieft. Aber als Nächstes lernen Sie einige Mythen über Google kennen und erfahren, was es außer Google noch gibt.

2.
Google-Geheimnisse

*In diesem Kapitel räume ich mit einigen **hartnäckigen Irrtümern über Google** auf und enthülle, **wie Google zu den Ergebnissen kommt**. Lernen Sie das blühende Leben jenseits von Google kennen und entdecken Sie, in welcher baden-württembergischen Stadt am häufigsten nach dem Ausdruck Kokain gesucht wird.*

$$R'(u) = c \sum_{v \in B_u} \frac{R'(v)}{N_v} + cE(u)$$

Das Geheimnis von Google. Mit dieser Zauberformel verdienen die Eigentümer der amerikanischen Suchmaschine Milliarden von Euro pro Jahr.

Welche der folgenden Behauptungen sind wahr?
1. Google ist gut im Finden neuer Sites.
2. Google ist vollständiger als andere Suchmaschinen.
3. Google ist derzeit die beste Suchmaschine.
4. Suchergebnisse von Google sind immer zuverlässig.
5. Google sucht weltweit.

Die Antwort ist: Alle fünf Aussagen sind **nicht wahr**.
Wie kann das sein? Um das zu verstehen, müssen Sie mehr darüber wissen, wie Google funktioniert. Das ist ein kompliziertes Thema. Daher beginnen wir am Anfang: Wir tun einfach so, als ob das Internet heute neu erfunden wird.

Um de Arbeitsweise von Google zu verstehen, tun wir so, als ob das Internet ganz neu wäre. Was wären Ihre ersten Wörter im Web?

Sie haben die Ehre, die erste Website der Welt zu füllen. Worüber werden Sie schreiben? Wird es eine Site über die politischen Verhältnisse zwischen Ost und

West? Eine Webzeitung mit aktuellen Internetnews? Ein Weblog mit Fotos vom ersten Geburtstag Ihres Kindes? Oder eine Site über „Lesen"? Ja, das wird es: eine Site über das Lesen. Sie eröffnen heute eine Site über *Bücher*. Sie sagen, welche Bücher Sie gut finden und warum. Einen Tag später kommt Ihr Nachbar auf die gleiche brillante Idee. Im neuen Web gibt es jetzt zwei Sites zum Thema Lesen, mehr nicht. Am dritten Tag wird *Startseite.de* gegründet. Unter dem Titel „Schöne Lesesites" platziert *Startseite* einen Link auf Ihre Site und nicht auf die Ihres Nachbarn. *Startseite* führt allerdings eine teure Werbekampagne mit ihm durch, die sofort zehntausende Besucher anzieht. Sie haben viel weniger Besucher. An Tag vier kommen allerlei andere Sites ins Web, aber keine neue Site über das Lesen. An Tag fünf wird Google eingerichtet. Die amerikanische Suchmaschine versucht, den Inhalt des Webs auf einer Festplatte zu speichern. Das ist eine einfache Aufgabe, da nur wenige Dutzend Websites vorhanden sind: Startseite, Ihre Site, die Ihres Nachbarn und noch ein paar andere Sites (die nicht vom Lesen handeln).

Der Keller von Google in der Stanford-Universität 1996 (links). Google hieß damals noch Backrub. Die Farben des Google-Logos stammen von den Legosteinen (rechts).

Wie funktioniert Google?

Was passiert nun, wenn jemand *Lesen* in Google eingibt? Welche Site steht dann an erster Stelle? Ist es Ihre, weil Sie einen Link von *Startseite* bekommen haben? Ist es *Startseite*, weil diese Site am häufigsten besucht wird? Oder ist es die Website Ihres Nachbarn? Hier sehen Sie die Antwort:

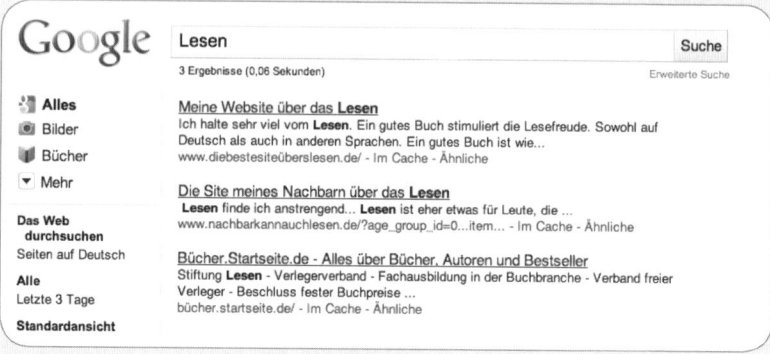

Sie sehen, dass Sie auf Platz 1 stehen, Ihr Nachbar auf Platz 2 und die viel bekanntere Startseite auf Platz 3. Wie kommt das? Betrachten wir die Logik, die hinter einer Ergebnisliste in Google steht.

Die wichtigste Site ist für Google vor allem diejenige, über die die Leute reden. Das passiert im Internet über Links. Wenn eine Website einen Link auf eine andere Website platziert, sieht Google das als eine Empfehlung an („geh da mal gucken"). Google findet es gut, Sites mit vielen Links in der Ergebnisliste höher zu platzieren als Sites, über die niemand spricht. In unserem Beispiel landen Sie daher auf Platz 1, denn Sie haben die einzige Site mit einem Link. Niemand spricht über *Startseite* und niemand verlinkt zu Ihrem Nachbarn.

Nur *Startseite* hat Sie verlinkt. Das sieht Google als Empfehlung, Sie auf Platz 1 zu setzen. *Startseite* selbst landet auf Rang zwei, da Google auch berücksichtigt, wie häufig sich das gesuchte Wort auf einer Site befindet. Steht das Wort *Lesen* nur ein paar Mal auf einer Site, bedeutet das eine niedrigere Relevanz als bei einer Site, die das Wort häufiger enthält (Das Wort *Lesen* tausendfach auf einer Site unterzubringen ist übertrieben, denn Google betrachtet das als Spam.). Ihr Nachbar befasst sich auf seiner Site nur mit Lesen. *Startseite* behandelt hingegen noch allerlei andere Themen.

Google hat also eine eigene Methode, Suchergebnisse zu gewichten. In der Regel besetzen nicht die besten oder neuesten Websites die Spitze der Ergebnisliste, sondern die am häufigsten beachteten Sites. Google glaubt an das Funktionieren des sozialen Netzwerks.

Die Idee des früheren niederländischen Gewerkschaftsvorsitzenden der NKV (später mit der NVV in die FNV aufgegangen) war, dass die Wirtschaft der Niederlande durch zweihundert Menschen geführt wird, die einander kennen und beeinflussen. Google arbeitet nach einem ähnlichen Prinzip. Die Idee, danach zu schauen, wie viele Links auf eine Site verweisen, hat einen Namen: *PageRank.*

Google schaut nicht nur, ob man über Sie spricht, sondern auch, wer das tut. Links von wichtigen Sites fallen mehr ins Gewicht. Es hat keinen Sinn, mit Freunden abzusprechen, sich untereinander mehrfach zu verlinken, um in der Ergebnisliste von Google höher zu steigen (es sei denn, dass man bedeutende Freunde hat).

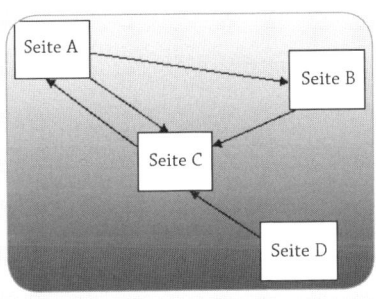

Vier Websites. Welche spricht Google am meisten an? Es ist Seite C, da sie die meisten Links erhält.

Die Suchmaschine betrachtet, wie häufig eine Website von anderen erwähnt wird und merkt sich das sehr genau. Je häufiger auf eine Website verwiesen wird, desto wichtiger wird diese. Der PageRank ist eine Note von 0 bis 10. Die wichtigsten Sites haben einen PageRank von 10. Neulinge bekommen eine 0.

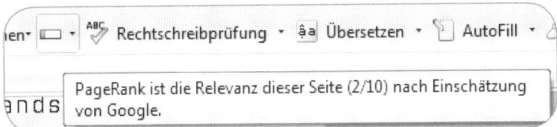

Laden Sie von toolbar.google.com die Google Toolbar herunter und aktivieren Sie unter Optionen/Tools den Eintrag PageRank. Ab jetzt sehen Sie, wenn Sie sehr genau schauen, einen grünen Balken bei einem PageRank von 1 oder mehr und einen weißen Balken bei 0. Bewegen Sie den Mauszeiger ohne zu klicken über den Balken, wird die genaue Zahl angezeigt. Je höher die Zahl, desto mehr Menschen verlinken zu der Site.

Plagegeister missbrauchen das. Sie platzieren beispielsweise die Wörter „komische Frisur" auf verschiedenen Websites, gefolgt von einem Hyperlink auf den Lebenslauf von Volker Bouffier. Google denkt: Jemand sucht nach „komische Frisur", welche Website wird in diesem Zusammenhang am häufigsten genannt? Antwort: die offizielle Regierungssite. Und dass, obwohl die Wörter „komische" und „Frisur" nicht ein einziges Mal auf der Regierungssite vorkommen! Monatelang führte diese Art von „Google Bombe" zur Erheiterung. Inzwischen hat Google die Suchergebnisse geändert.

Wer ist ein großer Versager? Aufgrund der zahlreichen Links, die er im Zusammenhang mit den Begriffen „miserable failure" erhielt, war dies jahrelang George Bush.

Scientology versteht es, kritische Veröffentlichungen über die Bewegung aus den Top 3 von Google zu verdrängen. Die Sekte war nicht erfreut über die Warnungen der niederländischen Autorin Karin Spaink vor Scientology. Daher griff sie zu einem Trick und errichtete weltweit über zweihundert „Linkfarmen", auf denen das Wort *scientology* immer auf positive Texte verwies. Die Kritik von Spaink sackte immer weiter weg.

Wer sind die „200 von Google" in Deutschland ? Google platzierte beispielsweise Mister Wong in der Hierarchie oft als Nr. 1. Danach folgen die deutsche Google-Site, Universitätssites sowie mit Spiegel, Zeit und FAZ wichtige Mediensites. Je älter die Site, desto höher ist meist der PageRank. Warum? Ein Baby hat erst wenig Freunde, ein Erwachsener hat jedoch allerlei Bekannte. Je länger Sie leben, desto größer ist die Chance, dass andere Sie kennen. Gutes Abschneiden in Google ist tatsächlich eine Frage von gutem Sitzfleisch.

Ich versuche schon seit vielen Jahren, die Systematik von Google zu durchschauen. Inzwischen ist Google selbst die wichtigste Website für Google.

Google kennt insgesamt zweihundert Kriterien, um den Platz in der Ergebnisliste festzulegen. Eine Site, die häufig aktualisiert und von anderen immer wieder neu verlinkt wird, gewinnt gegenüber einer enzyklopädischen Site, die im Web nicht oft erwähnt wird. Es wird auch nachgesehen, wie oft das gesuchte Wort im Domainnamen oder im Link steht. In Deutschland werden jährlich etwa 1,2 Milliarden Euro dafür ausgegeben, Websites so zu optimieren, dass Google sie maximal bewertet.

Sie wissen nun, wie Google funktioniert. Zurück zu den fünf Behauptungen. Warum sind sie falsch?

Google sieht neue Sites nicht schnell genug

Es dauert eine Weile, bis Menschen auf neue Sites verweisen. Dennoch finden Sie in Google Verweise auf Nachrichtenmeldungen. Suchen Sie in www.google.de nach *Tag der deutschen Einheit*:

Google   Tag der Deutschen Einheit   Suche

Ungefähr 691.000 Ergebnisse (0,09 Sekunden)   Erweiterte Suche

Das vierte Ergebnis sieht aktuell aus: „vor 13 Stunden gefunden".

News zu Tag der Deutschen Einheit

"Es ist gewaltig, was sich getan hat" - vor 13 Stunden gefunden
So ist es nicht verwunderlich, dass der SPD-Ortsvereinsvorsitzende den **Tag der Deutschen
Einheit** als zentral betrachtet: "Dieser Tag wird vielen Deutschen ...
Südwest Presse
CDU will Volksfest am **Tag der Deutschen Einheit** - WELT ONLINE - 3 weitere Artikel »
Zum Feiern verreisen: Von der **deutschen Einheit** bis Jim Knopf -
sueddeutsche.de - 9 weitere Artikel »

Die „News zu Tag der Deutschen Einheit" stammen von den Nachrichtensuchern
von Google, Google news Deutschland (news.google.de). Ihre Suchfrage wird
jeweils mit den Artikeln von Hunderten von Nachrichtenmedien verglichen.
Aber Vorsicht: *News finden* ist etwas anderes als *neue Sites finden*.

Proteste gegen Softwarepatente in Europa

Nach dem Vorbild der USA stimmt die Europäische Kommission heute über die
Nichteinführung von Softwarepatenten in der Europäischen Union ab. Diese
beinhalten, dass nicht nur ganze Programme, sondern auch Ideen patentiert werden
können.

Referenzen und weitere Informationen
Die offizielle Protestsite

Eine Ankündigung einer neuen Website wurde nicht ins Web gesetzt. Den Link auf die
Protestsite sieht Google nicht direkt.

Das Weblog Sargasso verweist auf *Die offizielle Protestsite*. Das ist eupat.ffii.org.
Dort können Sie gegen die Einführung von Softwarepatenten in Europa protes-
tieren. Die Site ist jetzt nicht mehr neu, war es aber, als Sargasso darüber schrieb.
Was hat Google in der Woche gesehen, in der die Protestsite gestartet wurde?
Überhaupt nichts. Google sieht die Neulinge nicht:

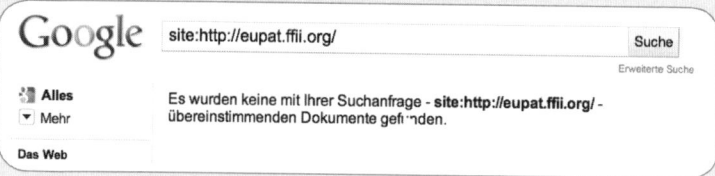

Mit der Suchanfrage „site: (name einer website)" sehen Sie, wie viele Seiten Google
von einer beliebigen Website gespeichert hat. In diesem Fall: keine.

Was ist geschehen? Die Website eupat.fii.org ist noch so neu, dass Google den
Inhalt nicht kennt. Es dauert eben, bevor die Suchmaschine die Website sieht.

Und bis dahin tappen Sie im Dunkeln. Eine der Ursachen ist, dass Google mangelhafte Links von Sites findet, die den Neuling empfehlen. Eine neue Site hat es daher zu Beginn schwer, aufzufallen. Manchmal dauert es eine Woche oder länger, bevor eine neue Site in Google zu sehen ist.

Realtime-Web ist damit die Achillesferse von Google, also die Fähigkeit, alles zu sehen, was soeben ins Web gestellt wurde. Normale Suchmaschinen können da nicht mitkommen. Ich schreibe z.B. morgens auf Twitter, dass das Vorwort von diesem Buch fertig ist.

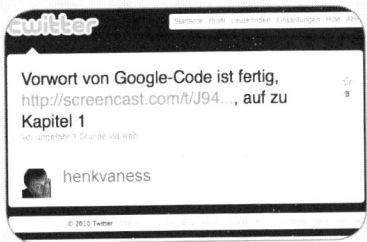

Am selben Abend hat Google meine Nachricht noch nicht bemerkt.

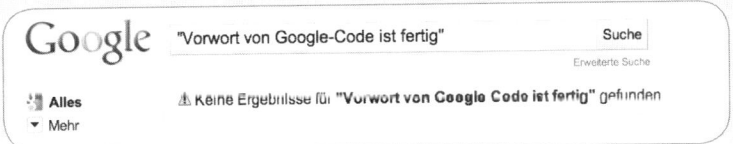

Google besucht weltweit nur die beliebtesten Websites mehrmals am Tag. Derzeit versucht die Suchmaschine soziale Netzwerke häufiger zu besuchen. Seit Januar 2010 werden z.B. Tweets von Twitter täglich mitgenommen. Das geht den Kennern aber noch nicht schnell genug. Google sieht Millionen Websites nicht täglich. Es sieht nicht Ihren Nachbarn, aber Ihren entfernten Freund. Mit blogsearch.google.de probiert die Suchmaschine, wieder an Boden zu gewinnen:

Google Blogsearch ist ein Versuch von Google, dem Web in Echtzeit zu folgen ...

Aber eine Stunde nach einer Rede von Volker Bouffier kann Google noch immer nichts finden:

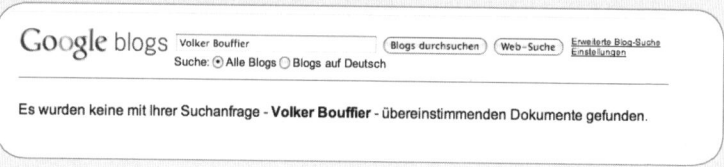

... aber mit wechselndem Erfolg.

Wie finden Sie dann trotzdem das *Realtime-Web*? Probieren Sie für Twitter die Suchmaschine search.twitter.com aus oder sehen Sie sich www.scoopler.com an:

Scoopler versucht, so viel Live-Information anzuzeigen wie möglich.
Es funktioniert noch nicht perfekt, aber es ist ein Anfang.

Praktisch ist auch IceRocket, das Sie unter www.icerocket.com erreichen. Wenn Sie *Big Buzz* wählen, finden Sie allerlei Sites, die Google manchmal erst nach ein paar Tagen oder noch später anzeigen kann. Mit *Auto refresh* legen Sie fest, ob Sie jede Minute, alle drei oder alle fünf Minuten auf dem Laufenden gehalten werden möchten.

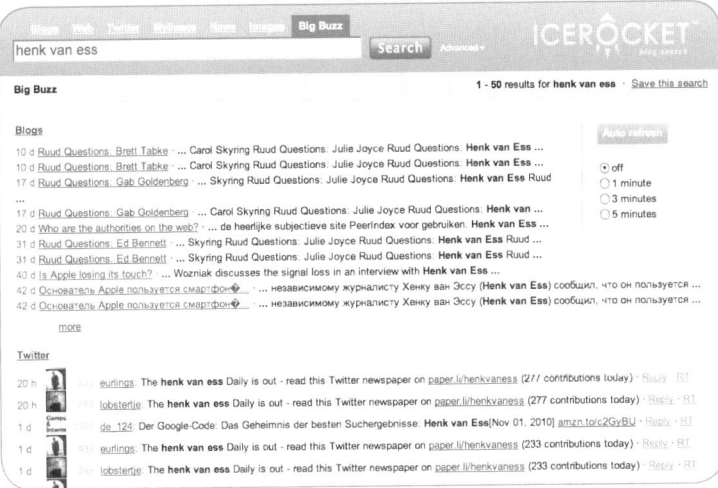

Auch IceRocket zeigt Inhalte von Blogs und sozialen Netzwerken nahezu live an.

Google ist nicht vollständig

Google scheint vollständig zu sein. Meistens erhalten Sie mehr Ergebnisse, als Ihnen lieb ist. Aber wie viele Antworten sind das ... genau?

Auf der Homepage von Google, Yahoo oder MSN (jetzt Bing) stand jahrelang die Anzahl der Dokumente, aus denen geschöpft werden konnte. Suchmaschinen standen in einem Wettlauf um den Titel „Wer ist der Größte". Der Streit ist beigelegt. Zahlen über die Größe werden nicht mehr oder kaum noch angegeben. Mit einem kleinen Trick ist es trotzdem möglich, sich ein Bild zu machen:

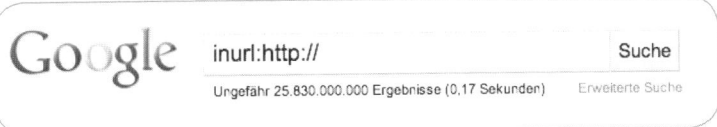

*Fast jeder Link enthält **http://**. Mit **inurl:** suchen Sie nach dem Inhalt eines Links. Mit **inurl:http://** erhalten Sie ein gutes Bild davon, wie viele Dokumente Google sieht. Das sind hier mehr als 25,83 Milliarden. Zwei Tage später waren es 25,82 Milliarden. Und gestern wieder 25,83. Kurzum, Zahlen dieser Art veralten schnell.*

Warnung: Hier folgen entmutigende Zahlen:

Mit knapp 26 Milliarden Quellen (Stand 09/2010, ohne Doppelungen) scheint Google vollständig zu sein. Angenommen, dass Sie jedes Dokument innerhalb von einer Sekunde lesen könnten, benötigten Sie 298.958 Tage (= 819 Jahre), um alles einmal zu sehen. Da Sie vermutlich nicht älter als 100 Jahre werden, können Sie nie mehr als 12,2 % (365 x 100 : 298.958) von Google sehen. In einem Menschenleben können Sie also in Google nur an der Oberfläche kratzen. Zum Lesen eines Dokuments ist eine Sekunde sehr wenig, eine Minute scheint realistischer. In diesem Szenario benötigten Sie 49.140 Jahre und sähen nur 0,2 % des Inhalts von Google. Wahrscheinlich sehen Sie noch weniger, denn Sie beginnen natürlich nicht gleich mit null Jahren zu lesen und hören möglicherweise schon vor Ihrem Hundertsten auf. Dadurch wird die Differenz zwischen dem, was Sie sehen können, und dem, was Google sehen kann, noch größer. Frustrierend?

Ja, und dabei ist das erst der Anfang. Google sieht sehr viel, aber lange nicht alle Informationen. Schlimmer noch, die Suchmaschine zeigt nur einen Ausschnitt des Webs. Nach neuen Schätzungen sieht Google nicht mehr als 25 % des öffentlichen Internets. Andere Studien zeigen, dass es halb so schlimm ist und Google etwa 50 Prozent sieht. Mit Sicherheit finden Sie also eine von zwei Quellen nicht mit Google und wahrscheinlich entziehen sich sogar drei von vier Quellen Ihrer Wahrnehmung.

Google sieht unglaublich viel, aber noch lange nicht alles.

Überlegen Sie sich, was das bedeutet. Wenn Sie in Google suchen, verpassen Sie unverantwortlich viel. Das klingt unheimlich und das ist es auch. Sie sind sehenden Auges blind und verzichten auf ausgezeichnete Quellen (Ich schreibe vielleicht mal ein Buch, in dem ich erkläre, wie Sie das verborgene Web finden können.).

Google ist nicht die beste Suchmaschine

Die beste Suchmaschine ist die, die Ihre Frage beantworten kann. Betrachten Sie folgenden Vergleich zwischen Google und der fast vergessenen Suchmaschine Alltheweb.com:

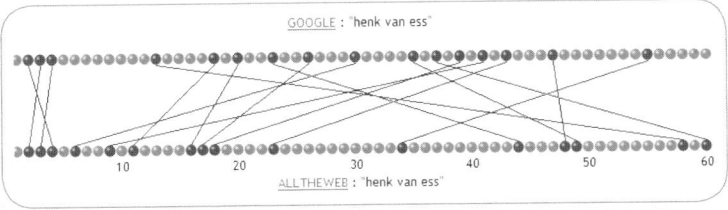

Auf Thumbshots Ranking, http://www.thumbshots.com/Products/ThumbshotsImages/ Ranking.aspx, können Sie Suchmaschinen vergleichen und direkt sehen, wie groß die Unterschiede zwischen ihnen geworden sind.

Was zeigen die zwei Zeilen aus 60 Bällen? Das sind die ersten 60 Antworten von Google und Alltheweb auf den Suchbegriff „henk van ess" (Es ist nicht eitel, nach dem eigenen Namen zu suchen. Gerade dadurch fallen Unterschiede in Suchmaschinen besser auf. Schließlich kennt man sich selbst am besten.).

Ein grauer Ball bedeutet, dass die eine Suchmaschine die Antwort sieht, die andere jedoch nicht. Ein schwarzer Ball heißt, dass beide Suchmaschinen die Seite der Website in Ihrem Index gespeichert, also den Link gefunden haben.

In diesem Beispiel stimmen 16 der 60 Antworten überein. Das heißt, dass sich 44 Ergebnisse unterscheiden. Anders ausgedrückt erhalten Sie in Google 44 einmalige Ergebnisse. Sind Sie dagegen auf Alltheweb gegangen, hatten Sie 44 andere einmalige Ergebnisse. Mit Google und Alltheweb zusammen verfügen Sie über 88 einmalige Quellen, zweimal soviel, wie eine Suchmaschine allein sieht.

Ein Vergleich von Yahoo und Google ergibt noch größere Unterschiede. Beide sehen zehn übereinstimmende Quellen, der Rest ist einmalig. Bleiben Sie nur bei Google, verpassen Sie bei der Suche nach Ihrem Namen in diesem Fall 50 Quellen.

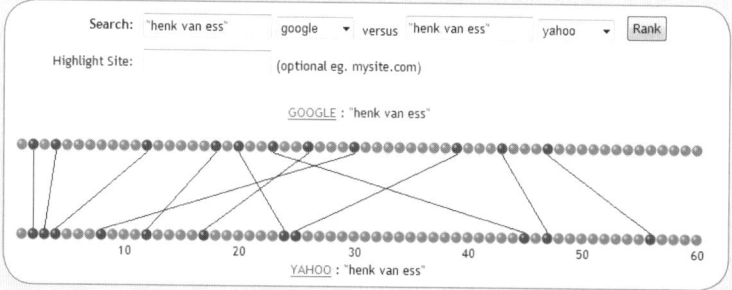

Das ist natürlich kein wissenschaftlicher Test, aber er zeigt, dass es sinnvoll sein kann, einen Schritt weiter zu gehen. Zurzeit lohnt es sich, auf www.yahoo.com (oder den Bruder alltheweb.com bzw. die Schwester av.com) zu gehen oder www.bing.com (Microsoft) zu besuchen. Mit dem Trio Google, Yahoo und Bing erreichen Sie mindestens eine Verdopplung der Anzahl einmaliger Quellen.

Yahoo und Bing haben in Deutschland einen weit geringeren Marktanteil, unterscheiden sich jedoch inhaltlich massiv von Google.

Die Top Ten der Ergebnislisten der Suchmaschinen unterscheiden sich seit 2007 enorm. Laut einigen Studien liegt die Übereinstimmung zwischen den drei großen Suchmaschinen nur noch bei 10 Prozent, durch Experimentieren komme ich auf etwa 15 Prozent (www.voelspriet2.nl/shortlink?60). Die Überschneidung von z.B. Yahoo und Google beträgt bei weniger gängigen Suchbegriffen 10 Prozent. Machen Sie sich also klar, dass Sie, wenn Sie nur in Google suchen, 90 Prozent an weiteren Quellen verpassen! Wenn Sie einfach einmal etwas anderes tun, als nur zu googeln, erfahren Sie viel mehr.

Künftig alles dreimal eingeben?

Mit Bing und Yahoo finden Sie ein paar Milliarden weiterer Quellen, die Google nicht sieht. Ihre erste Reaktion ist vielleicht: „Schön, aber lass nur. Ich erhalte jetzt schon zu viele Ergebnisse in Google. Ich brauche nicht noch mehr Informationen." Gerne höre ich Ihre zweite Reaktion, wenn Sie das folgende Kapitel gelesen haben. In diesem Kapitel setzen wir die Suche mit dem Google-Code fort. Da Sie anders denken werden, wird Ihre Ergebnisliste viel kürzer. Wenn Sie genau wissen, was Sie wollen, ist die Wahl keine Qual mehr.

Es gibt Metasuchmaschinen, die andere Suchmaschinen durchsuchen, z.B. ixquick.com. Allerdings sehen sie nur Übereinstimmungen zwischen Suchmaschinen (blaue Bälle) und nicht die Unterschiede (graue Bälle), verpassen also ausgerechnet die einmaligen Ergebnisse. Dogpile ist eine löbliche Ausnahme (www.dogpile.com). Diese Metasuchmaschine durchsucht Google, Bing, Yahoo sowie Ask und zeigt an, ob ein Ergebnis exklusiv ist oder nicht:

Henk van Ess, Search Bistro - Discussion
Your privacy is very important to us: your information will never be sold, leased, traded, or shared with anyone.
www.seoradio.com/20050606-discuss-henk-van-ess-sea... • Found exclusively on Bing

Dogpile: Dieses Dokument wurde exklusiv auf Bing gefunden.

Auf http://blindsearch.fejus.com/ finden Sie noch mehr auffällige Unterschiede zwischen Suchmaschinen. Sogar die Platzhaltersuche von Bing, Yahoo und Google unterscheidet sich enorm. Hier wurde nach den Worten *Hotel* und *Köln* gesucht. Keines der acht Bilder von Google (siehe erste Spalte) erscheint in den acht Bildern von Yahoo (zweite Spalte). Und Bing (dritte Spalte) zeigt wiederum acht neue Abbildungen.

Das Leben außerhalb von Google

Neben Google, Yahoo und Bing gibt es noch *Tausende* spezieller Suchmaschinen. Es ist praktisch, diese zu kennen, falls Sie mit Google, Bing und Yahoo nicht weiterkommen. Ich fasse für Sie vier Typen von Spezialsuchmaschinen zusammen und zeige Ihnen die Vor- und Nachteile im Vergleich zu den großen drei.

1. Semantische Suchmaschinen

Diese oft noch experimentellen Suchmaschinen betrachten die Bedeutung der Frage. Semantische Suchmaschinen machen unter anderem Gebrauch von Tags oder Labels, die Verfasser ihren Inhalten hinzufügen. Ein Foto des Kölner Doms erhält auf der Fotowebsite Flickr z.B. die Tags *Köln* und *Kölner Dom*.

Beispiele für semantische Suchmaschinen sind www.ask.com, www.power-set.com (Suche in Wikipedia), www.twine.com von Radar Networks und die kommerziellen Produkte von Linguistic Agents. Eine der besseren semantischen Suchmaschinen ist Hakia.com.

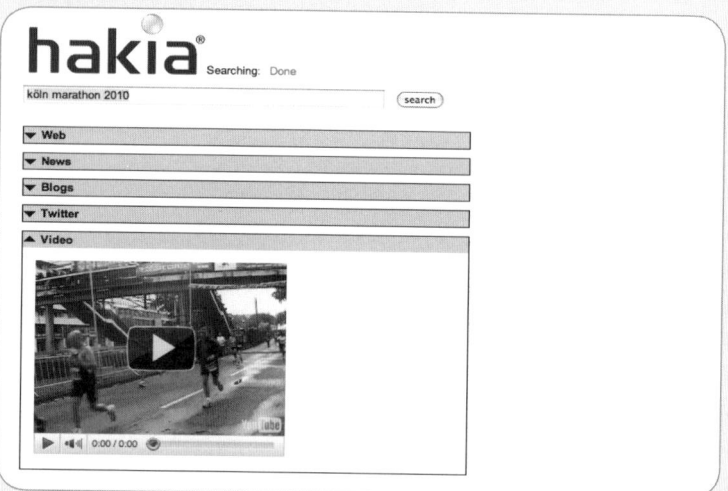

Stellen Sie normale Fragen und wählen Sie die Ergebnisse aus Kategorien.
„Credible" zeigt nur Websites, die von der Hakia-Redaktion hoch beurteilt werden.

Ich führe eine Suchaktion nach dem Künstler *Ziggy Marley* aus. In Google sehe ich Folgendes:

Das sieht prima aus: Videos, Platten, Bücher und ein Link zur offiziellen Site. Was will man mehr? Schauen Sie bei Hakia nach. Hier finden Sie einige Extras: Konzertkarten, bekannte Songs, Songtexte, Diskografie, Zitate, Kontaktinformationen, Biografie, Nachrichtenmeldungen, Blog- und Fansites u.a.m.

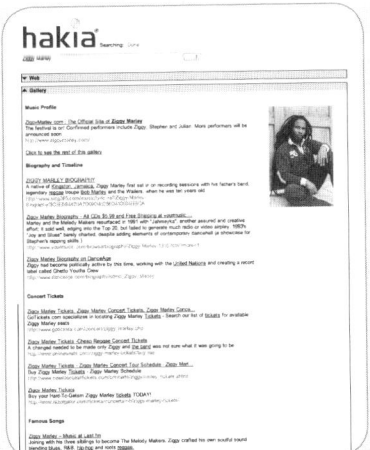

Die semantische Suche funktioniert nur gut, wenn Sie einfache Fragen stellen. Mit speziellen Fragen kommt die Maschine nicht klar. Wenn Sie nach „220 Volt" suchen, erhalten Sie auf einmal nicht alle Verfeinerungen, sondern eine einfache Auflistung. Und wehe, wenn Sie mehr über den amerikanischen Ort Tent (Delaware) erfahren möchten. In jeder Suchmaschine, auch in Hakia, bekommen Sie (zumindest auch) Campingzubehör zu sehen:

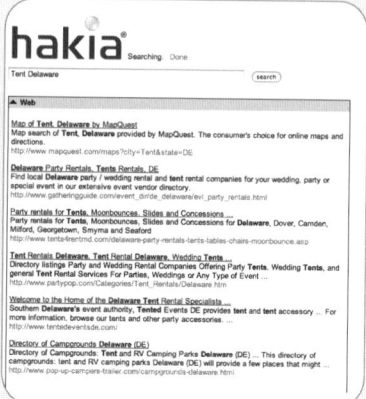

Die semantische Suchmaschine Hakia sieht mittlerweile sowohl das Örtchen Tent in Delaware als auch Möglichkeiten, um in Delaware Zelte zu kaufen.

Google Maps beweist, dass es den Ort Tent tatsächlich gibt:

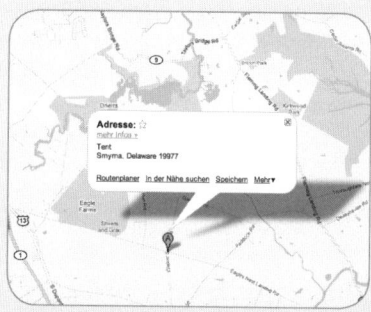

Auch Google experimentiert mit semantischer Suche. Starten Sie eine Suche und klicken Sie anschließend in der Seitenleiste auf *Mehr Optionen*:

Standardansicht
Websites mit Bildern

▾ Mehr Optionen

Wählen Sie *Wunderrad* als Alternative zur Standardansicht. Das Wunderrad zeigt ähnliche Suchbegriffe grafisch an. Die sind zwar noch nicht immer präzise, aber das kann ja noch werden. Die englischsprachige Google-Site (zu erreichen unter www.google.com/ncr) liefert bessere Resultate.

Zusammenfassung

Vorteil:

Sie müssen nicht so sehr über Ihre Frage nachdenken. Die Maschine versucht, Alltagssprache zu verstehen.

Nachteil:

Nicht geeignet für spezialisierte Suchfragen.

2. Cluster-Suchmaschinen

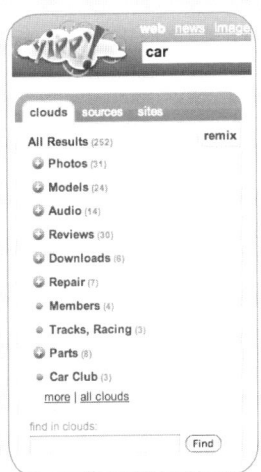

Cluster-Suchmaschinen analysieren die Suchergebnisse und versuchen Übereinstimmungen darin zu erkennen. Diese werden dann nach Unterthemen geordnet präsentiert.

„Was möchten Sie eigentlich?", fragt yippy.com.

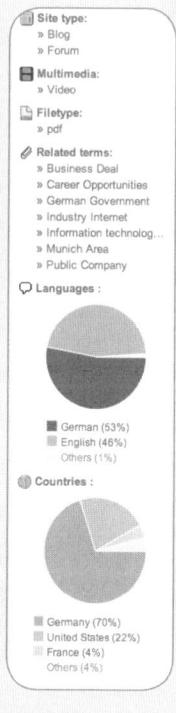

Die Metasuchmaschine Yippy (www.yippy.com) sortiert auch nach Domainnamen oder Quellen und sucht gleichzeitig in mehreren Suchmaschinen. Exalead, zu finden unter www.exalead.com/search, ist das Paradies für professionelle Forscher. Die Antworten sind in Seitentyp (Blog oder Forum), Multimedia (Audio oder Video), Dateityp (z.B. Microsoft Word oder Adobe PDF), gewünschte Sprache, Herkunftsland, Jahr und ähnliche Begriffe eingeteilt:

Yippy (vormals Clusty) sortiert die Ergebnisse nach Themen (clouds), Quellen (sources) oder URLs (sites).

Freebase (www.freebase.com) weiß, dass das Geburtsdatum des Gesundheitsministers Dr. Philipp Rösler unbekannt ist:

Wolfram Alpha (www.wolframalpha.com) ist gut im Zusammenfassen von enzyklopädischen, geografischen und wissenschaftlichen Informationen. Diese Suchmaschine stellt, wo es möglich ist, Querverbindungen zwischen Daten her. Geben Sie einmal die Namen der vier größten deutschen Städte ein:

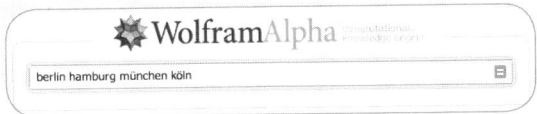

Sie sehen die jeweiligen Einwohnerzahlen, die Lage zueinander und die Entfernungen untereinander:

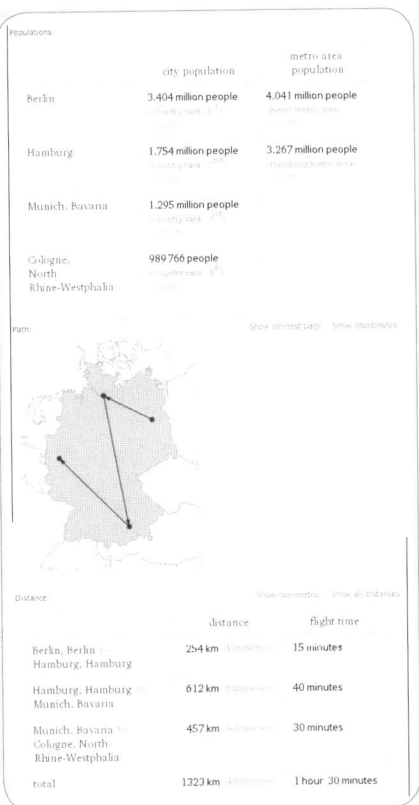

Google experimentiert mit Google Squared, http://www.google.com/squared. Diese Suchmaschine ist allerdings noch weit davon entfernt, perfekt zu sein:

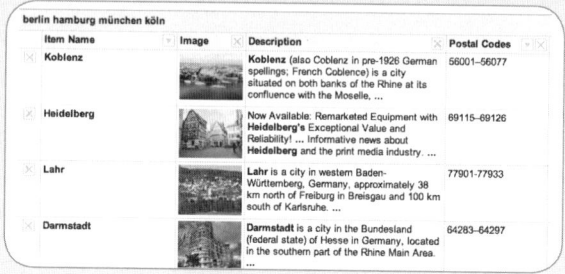

Unter den ersten Suchergebnissen ist nicht eine der genannten Städte, doch immerhin steht München trotz Umlaut auf Platz 5. Google Squared gruppiert schnell drauflos, enthält aber viele weiße Flecken. Eine Suche nach sozialen Netzwerken führt zu dem Ergebnis „No value found".

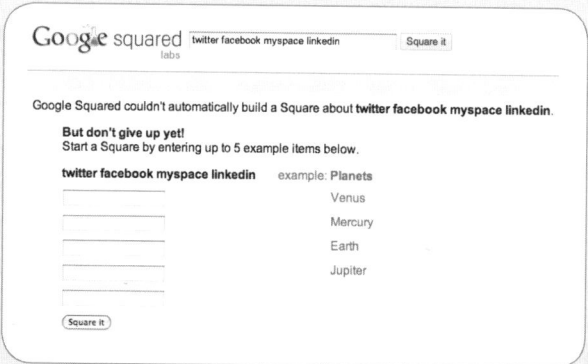

Zusammenfassung

Vorteil:

Sie können mit schwammigen Fragen anfangen, der Computer hilft Ihnen weiter.

Nachteil:

Ebenso wie semantische Suchmaschinen nicht so gut für sehr spezielle Fragen.

3. Menschliche Suchmaschinen

Google hat den Dienst Google Answers beendet. Die Betreiber der amerikanischen Suchmaschine glauben nicht mehr an den besonderen Nutzen von Menschen, die für andere suchen. Der Nachfolger Google Wave bot die Möglichkeit, Fragen live zu beantworten und Dokumente live zusammen zu bearbeiten. Ab 2011 betreibt Google den Service nicht mehr selbst, sondern stellt die Software als Open Source zur Verfügung. Manche Wave-Funktionen wie die Live-Zusammenarbeit wurden in Google Docs integriert.

Google Wave bringt Gleichgesinnte zueinander. Spezielle Gruppen verfügen meist über mehr Wissen als eine allgemeine Suchmaschine, so die Idee von Google. Inzwischen hat Google angekündigt, die Site Ende des Jahres zu schließen.

ChaCha.com beschäftigt Archivare, die beim Suchen helfen. Leider gibt der Dienst nicht immer die Quellen an, z.B. hier:

Ein anderes Beispiel ist wikia.com, eine Initiative von Jimmy Wales von Wikipedia. Diese Suchmaschine sucht nach Wikis (Gemeinschaften):

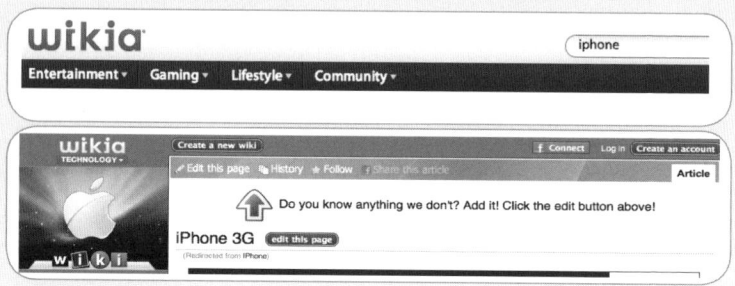

Wikia stützt sich genau wie ChaCha stark auf Google. Beide Sites platzieren in der Hoffnung, ihre Kosten herauszubekommen, Anzeigen von Google.

Auch Twitter entwickelt sich zu einer menschlichen Suchmaschine. Immer häufiger fragen Leute ihre virtuellen Freunde, wie sie Probleme lösen können. Und immer häufiger erfolgt unmittelbar darauf eine Antwort:

Von sinkender Bedeutung, aber immer noch brauchbar, ist das Open Directory Project, ein Verzeichnis redaktioneller Links auf www.dmoz.de. Das ist eine Art Wikipedia von freiwilligen Linksammlern, die jeweils auf dem eigenen Fachgebiet verfolgen, was läuft. Die menschliche Suchmaschine ist weit davon entfernt, vollständig zu sein, da es für viele Bereiche keine Freiwilligen gibt, die interessante Links dokumentiert haben. Trotzdem lohnt sich ein Besuch von Zeit zu Zeit.

Eine Freundin suchte einen Ferienjob auf Aruba und fragte nach einer Übersicht von Bars und Restaurants, die sie anschreiben kann. Mit dieser Suche in Google kam sie nicht weiter:

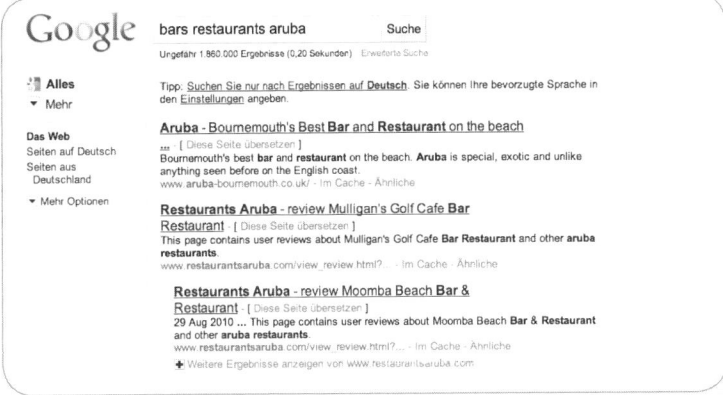

Die Site restaurantsaruba.com (siehe zweites Ergebnis) schien ganz gut zu sein, enttäuschte jedoch bei näherer Betrachtung. Dieselbe Suche nach Bars und Restaurants in Aruba brachte im Open Directory viel bessere Ergebnisse:

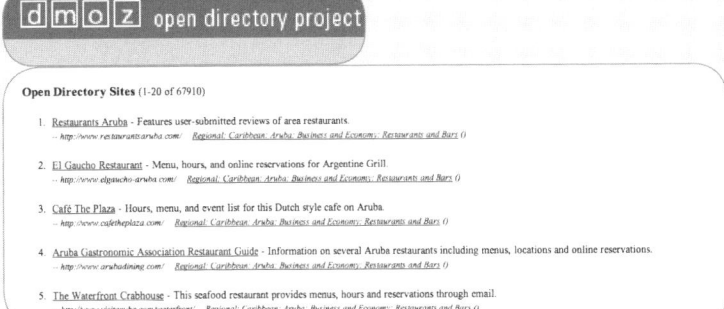

Zusammenfassung

Vorteil:

Antworten von Menschen, die Ahnung von einem bestimmten Thema haben.

Nachteil:

Nicht so vollständig.

4. Mashup-Suchmaschinen

Mashup-Suchmaschinen (also etwa „Vermischungs-Suchmaschinen") verknüp-
fen die Inhalte von zwei oder mehr Suchmaschinen miteinander. Die Quellen der
vermischten Daten sind nicht immer gut erkennbar. Ein sehr einfaches Beispiel
ist www.daylightmap.com. Dort sehen Sie auf einer Weltkarte von Google Maps,
wo es gerade Tag bzw. Nacht ist:

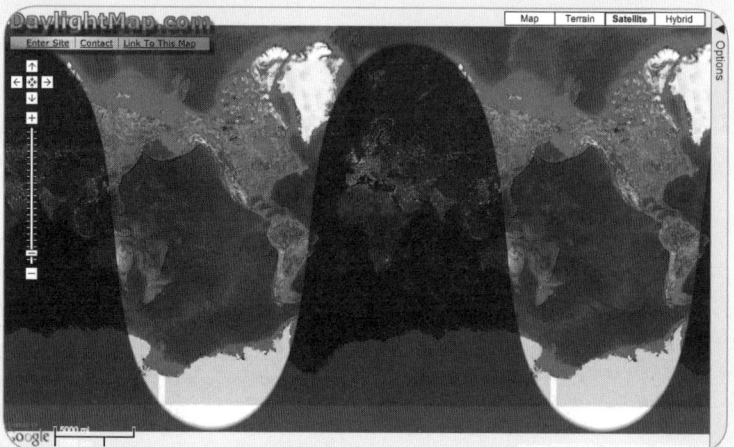

Auf http://mashable.com/category/research-lists/ steht eine schöne Liste von
Suchmaschinen, die sich Inhalte leihen, und auf http://mashable.com/2007/08/27/
social-search/ finden Sie Dutzende von Suchmaschinen für soziale Netzwerke.

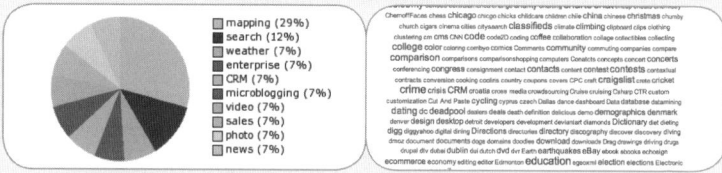

Die meisten Mashup-Suchmaschinen enthalten Karten, Google-Ergebnisse,
das Wetter und wirtschaftliche Daten. Quelle: Programmableweb.com.

Suchen Sie in dieser Art Suchmaschinen den Link „Over" oder „About", weil es
sinnvoll ist, genau zu wissen, welche Quellen jeweils verwendet werden.
In vielen Fällen ist bereits die schlichte Anzeige von Google-Ergebnissen aus
Google Maps sehr hilfreich. Bei der Suche nach *Hotel Hamburg* erscheint eine
kleine Karte für den ersten Überblick. Ein Klick darauf vergrößert diese Karte und
ermöglicht es, den Ausschnitt zu verschieben und zu zoomen sowie Satelliten-
bilder einzublenden. Klicken Sie auf eine rote Markierung, erscheint eine Kurzinfo.

Von hier aus lässt sich der Routenplaner starten oder eine Suche in der Nähe ausführen. Klicken Sie auf *mehr Infos,* erhalten Sie umfassende Informationen auf einer neuen Google maps-Seite.

Zusammenfassung

Vorteil:

Spart Zeit, da Quellen miteinander kombiniert werden.

Nachteil:

Die Herkunft der Daten ist nicht immer gleich klar.

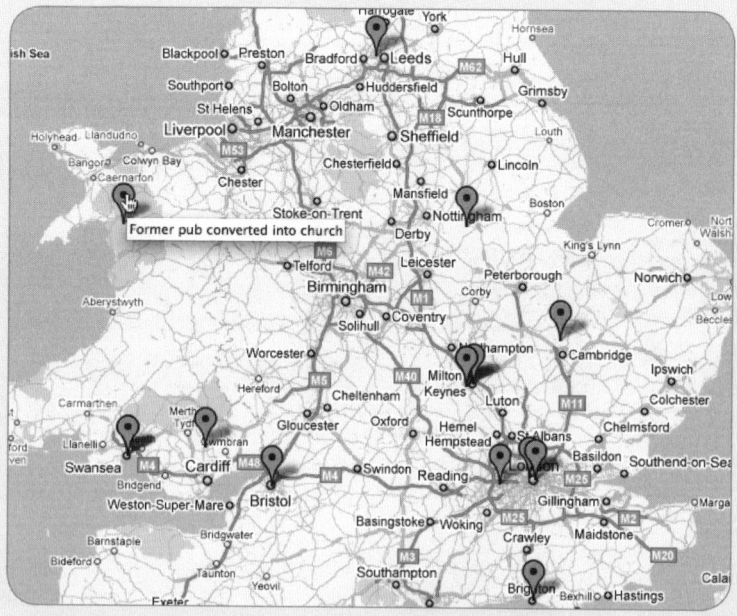

Auf Programmable Web stehen Dutzende von Kreuzungen zwischen Suchmaschinen, wie z.B. diese: eine Karte, die zeigt, von welchen Orten die Nachrichten der BBC gemeldet werden.

5. Spezialsuchmaschinen

In diese Kategorie fällt alles, was nicht in die vorstehenden passte. Spezialsuchmaschinen durchforsten nicht einen großen Haufen allgemeiner Information, sondern beschränken sich auf ein einzelnes Gebiet, z.b. darauf, Personen, Nachrichten oder Weblogs zu finden. Beispiele sind Blogsucher (IceRocket, Technorati und Google Blogsearch), Personensucher (Facebook, LinkedIn, 123people und Yasni), RSS-Sucher (Feedster, RSS-Suchmaschine) oder Nachrichtensucher wie topix.net und news.google.de.

Wie bleiben Sie über neue Suchmaschinen auf dem Laufenden? Ich heiße Sie herzlich beim Newsletter von Voelspriet willkommen (http://www.voelspriet.nl/nieuwsbrief/).

Ist Google zuverlässig?

Ist Google zuverlässig? Das ist noch die Frage. Aus verschiedenen Gründen werden immer häufiger Informationen aus der Suchmaschine entfernt oder von Google selbst gesperrt. Interessante Quellen sind auf einmal futsch. Was entfernt Google und warum?

1. Google wehrt sich gegen manipulierende Webmaster

Wenn Webmaster etwas tun, das Google nicht möchte, werden sie bestraft. Dann wird ihre Site ganz oder teilweise entfernt. So war vor einiger Zeit in Google nichts von dem Automobilhersteller BMW zu finden:

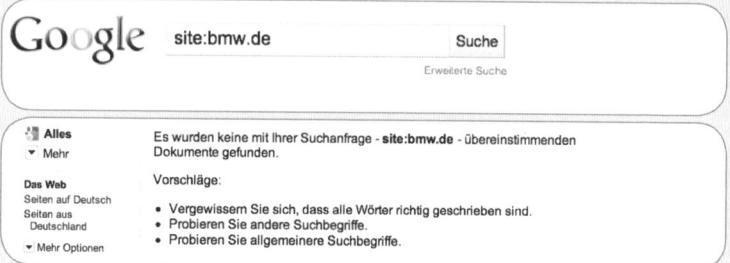

Google entfernte die Seiten der Firma aus der Ergebnisliste. Warum? BMW hatte mit Tricks versucht, so hoch wie möglich in Googles Ergebnisliste zu landen. Dabei kam eine Technik zum Einsatz, bei der Google für die Besucher unsichtbare Informationen sieht (cloaking). Google war darüber so verärgert, dass die komplette Site plötzlich nicht mehr zu finden war. Darüber hinaus wurde der PageRank der Site herabgesetzt.

In Deutschland sind bestimmt 20 Firmen für einen kürzeren oder längeren Zeitraum für die große Masse unsichtbar geblieben, weil sie etwas getan haben, das Google nicht passte. Die Suchfirma beruft sich dabei auf ihre Richtlinien für Webmaster.

Webmaster, die versuchen, Google zu manipulieren, werden also bestraft. Aber damit auch die Öffentlichkeit. Google informiert nämlich nicht darüber, welche Daten entfernt wurden, und erst recht nicht, warum. Daher können Sie unmöglich wissen, ob eine bestimmte Website momentan auf der Strafbank sitzt.

2. Google setzt echte Menschen ein

Ich fand heraus, dass Google Leute einstellt, die für 20 Dollar die Stunde die Suchergebnisse kritisch betrachten, vor allem Studenten. So wird auch in Deutschland geschaut, ob bei einer Suche nach dem Wort *Wetter* nun der DWD zuoberst steht, die Site wetter.de oder niederschlagsradar.de. Das klingt zunächst gut. Zusätzliche Qualitätskontrolle, was spricht dagegen? Dieser Ansatz widerspricht jedoch dem Argument, das Google benutzt, um Beschwerden abzuwimmeln: „Wir greifen selbst nicht ein, wir lassen Computer die Arbeit machen." Google greift aber sehr wohl selbst ein. Welche Quelle zuoberst steht, sollte immer eine Frage des PageRanks oder anderer von Computern bestimmten Faktoren sein.

3. Google ist auch nur ... Google

Im Streben nach perfekten Antworten geht bei Google schon mal etwas schief. Wer im Sommer 2009 auf www.tnt.com oder www.kpn.com surfte, bekam den Schreck fürs Leben: „Achtung, die Website, die Sie besuchen möchten, enthält Malware" (Malware ist schädliche Software, die den Computer schnell durcheinander bringen kann.).

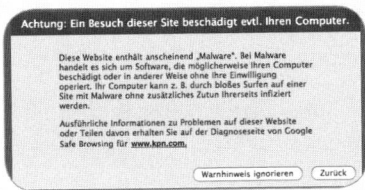

Auf den Sites stand jedoch keine gefährliche Software. Was war hier geschehen? Google ist Mitglied von stopbadware.org, einer Organisation, die dubiose Sites sperrt. Google liefert selbst Daten. Alle Mitglieder von stopbadware.org verwenden dieselben Warnungen. Wer auf der schwarzen Liste steht, wird gesperrt. Im August 2009 ging das schief:

TNT und KPN werden zu Unrecht für gefährlich gehalten. Der falsche Alarm wirkte noch tagelang nach. Google brandmarkt Multis regelmäßig als elende Hacker. Niemand entkommt dieser Willkür. Manchmal findet sich Google auch selbst gefährlich. 2007 meldete Google versehentlich, dass Google nicht zu trauen ist:

> ➕ 🔅 Google reported badware activity on google.com/ on Feb 22nd 2007

2009 passierte das erneut. Alle Websites, auch die von Google selbst, werden fast zwei Stunden lang für gefährlich gehalten:

Google hat eine Zeit lang sogar damit experimentiert, bestimmte Suchbegriffe zu verbieten. Dahinter stand die Idee, dass Personen, die nach Hackbegriffen suchen, in einem gefährlichen Teil des Webs suchen. Dem musste Google natürlich vorbeugen. Eine Suche nach einer Datei mit der Aufnahme einer menschlichen Stimme sah Google als Hackversuch:

Es kam keine Antwort, nur eine beängstigende Mitteilung: Es gibt einen Virus, der uns immer nach „voice wav" fragt, und es sieht so aus, als ob Sie infiziert wären.

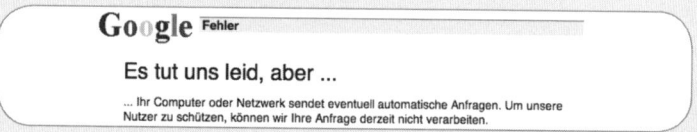

Tatsächlich war der Computer nicht verseucht, sondern Google reagierte darauf, dass sehr häufig nach „voice wav" gesucht wurde. Wenn bei Google massenweise dieselben Suchbegriffe eingehen, stellt die Suchmaschine auf Durchzug.

Dasselbe passierte, als Michael Jackson starb. Es wurde so viel nach Jackson gesucht, dass Google dem Braten nicht mehr traute:

Go gle Fehler

Es tut uns leid, aber...

... Ihre Anfrage ähnelt automatisierten Anforderungen, wie sie von Computerviren oder Spyware-Anwendungen verwendet werden. Zum Schutz unserer Nutzer können wir Ihre Anfrage zum jetzigen Zeitpunkt nicht verarbeiten.

Wir werden Ihren Zugriff schnellstmöglich wiederherstellen. Versuchen Sie es in Kürze wieder. Falls Sie den Verdacht haben, dass Ihr Computer oder Netzwerk infiziert sein könnte, sollten Sie ein Virenprüfprogramm oder einen Spyware-Entferner ausführen. So können Sie sicherstellen, dass Ihr System frei von Viren und sonstiger missbräuchlicher Software ist.

Wir entschuldigen uns für eventuell entstandene Unannehmlichkeiten und hoffen, Sie bald wieder bei Google begrüßen zu dürfen.

Geben Sie die folgenden Zeichen ein, um mit der Suche fortzufahren:

4. Eingriffe aus Rechtsgründen

Google entfernt immer häufiger Ergebnisse, weil Beteiligte danach verlangen und Google mehr denn je gehorcht. Jemand von einem Sportverband wurde von seinen Kollegen andauernd ausgelacht, wenn diese in Google nach ihm suchten. Zuoberst stand das Ergebnis eines Waldlaufs. Er kam als 112ter Läufer ins Ziel. Insgesamt machten 112 Leute mit, er war also der Letzte. Er fand, dass seine Privatsphäre beeinträchtigt wurde, und reichte bei Google Beschwerde ein. Seine Kollegen machten ihn mit einem „aus dem Zusammenhang gerissenen Ergebnis" lächerlich. Google akzeptierte die Beschwerde. Wer jetzt wissen möchte, wie der Waldlauf ausging, findet ihn bei Google nicht mehr wieder. „Wie kann das sein?", fragte sich Fleur Besters, Polizeireporterin bei *Eindhovens Dagblad*. Sie vermisste in Google plötzlich ein Ergebnis zu Renate Jonkers, die als 31-Jährige ermordet wurde und deren Leiche man in Belgien fand. Google gibt selbst an, dass aus juristischen Gründen eine Seite aus den Ergebnissen entfernt wurde:

Aus Rechtsgründen hat Google 1 Ergebnis(se) von dieser Seite entfernt. Weitere Informationen über diese Rechtsgründe finden Sie unter ChillingEffects.org.

„Habe ich was nicht mitgekriegt?", fragte Miro Lucassen, Reporter beim *AD*, „ich habe wohl mal wieder nicht gut aufgepasst, aber diese Meldung in Google

fand ich sehr seltsam." Miro suchte nach einer Rezension, bekam aber nicht
alles zu sehen:

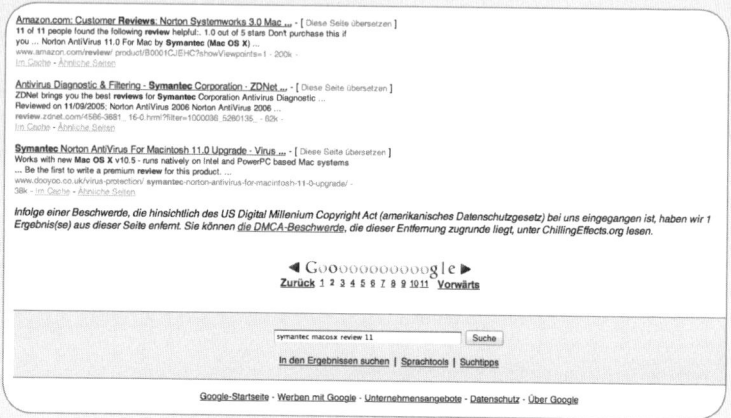

*Eine Beschwerde eines Softwareherstellers über eine negative Rezension wird
anerkannt, was zur Folge hat, dass die Site nicht mehr in Google zu sehen ist.*

Beide Reporter beschwerten sich, wie die Beteiligten, bei Google über den Inhalt
der Ergebnisliste. Das geschieht nach elf Jahren Google immer häufiger. Es fing
in China an. In Google.cn stehen keine Informationen über Menschenrechtsver-
letzungen oder politische Gefangene. Aus YouTube werden Filme entfernt, wenn
sie für ein Land beleidigend sind, auch wenn es sich um ein totalitäres Regime
handelt. Auf Google.de ist mit der Suche site:cyber-pirates.org kein einziger Ver-
weis zu diesem Onlineshop für DVDs zu finden. Dabei handelt es sich dort weder
um Kinderpornografie noch um Nazipropaganda.

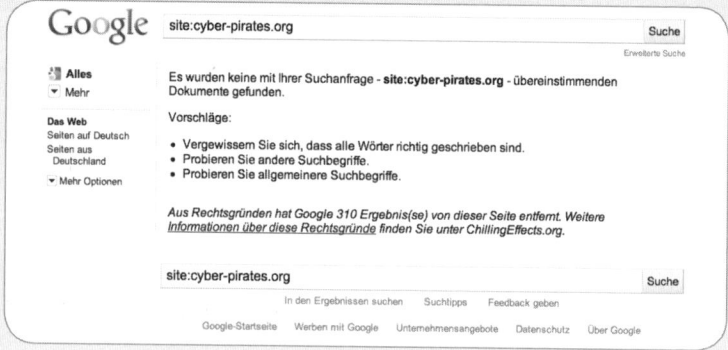

*Sie wollen etwas bei cyber-pirates.org bestellen? Google zeigt Ihnen alles, nur nicht
in Deutschland.*

Bemerkenswert ist, dass es in den genannten Beispielen kaum zu Prozessen kam. Die Beteiligten zitieren jeweils die örtliche Gesetzgebung und die Sache wird ohne Einschaltung eines Richters geregelt. Google entscheidet sich in der Regel für die sichere Variante und gibt Klägern mit einer starken rechtlichen Position recht.

Google Helping Thai Government Censor

Google has agreed to help Thailand block parts of YouTube as an alternative to the entire site being unavailable in the country due to government outrage over clips which were deemed defamatory of its king. The site will be available to Thais, minus any offensive content.

Communications Minister Sitthichai Pookaiyaudom said that Google's Andrew McLaughlin assured him the company could "block certain pages not to be seen in Thailand," according to Reuters. "It will be a few days before we lift the ban on the entire site."

Google sperrt Ergebnisse wegen einer Verunglimpfung des thailändischen Königs.

Im deutschen Büro in Hamburg hört Google Klagen genauer an als je zuvor. Anwälte spitzen die Ohren besonders, wenn die Kläger juristische Fachbegriffe wie *beweisbarer Schaden, drohend, Verletzung der Privatsphäre* nennen.

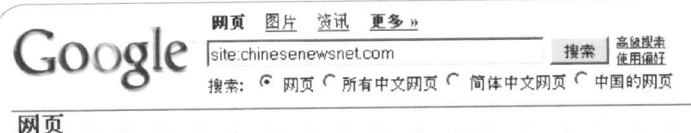

找不到和您的查询 "**site:chinesenewsnet.com**" 相符的网页。

建议：

- 请检查输入字词有无错误。
- 请换用另外的查询字词。
- 请改用较常见的字词。

Information über Menschenrechte in China? Die sehen Sie in Google China nicht.

Da sich Google nicht länger den Zensurbestimmungen beugen wollte, werden Suchanfragen von google.cn derzeit automatisch auf die unzensierte Hongkonger Google-Seite google.com.hk umgeleitet. Auf der Site Chillingeffects.org ist die Spitze des Eisbergs zu sehen. Hier werden die wichtigsten Fälle veröffentlicht. Auf http://www.google.de/dmca.html steht genau, wie man eine Verletzung seiner Rechte melden muss. Für Nichtjuristen ist es einfacher denn je, Googles Knie zum Zittern zu bringen. Im Web beleidigt? Folgen Sie dem korrekten Verfahren (siehe *Inhalte aus Google entfernen* in Googles *Websuche-Hilfe*), wählen Sie die richtige Vorgehensweise, und voraussichtlich entfernt Google die Information. Und das ohne Einschaltung eines Richters.

Der Nachteil daran ist, dass Google ausgehöhlt wird. Wenn Befürworter und Gegner einander durch die Anwälte von Google erfolgreich zu übertrumpfen wissen, verschwinden die Pros und Kontras eines Themas plötzlich aus der Suchmaschine. Das kommt der Objektivität natürlich nicht zugute.

Sucht Google weltweit?

Sie erwarten zweifellos, dass die weltweite Suche in jeder Google-Version stets zu denselben Ergebnissen kommt. Es gibt ja nur eine Welt. Kaum zu glauben, aber für Google gilt das nicht.

Nehmen wir an, Sie sind auf der Suche nach Spielregeln der Sportart Squash und geben **squash** ein. Wählen Sie in Google Deutschland, www.google.de, „Das Web" und nicht „Seiten auf Deutsch" oder „Seiten aus Deutschland". Dies ist das Ergebnis:

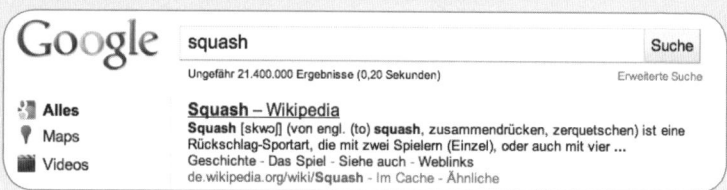

Dieselbe Suche sollte im niederländischen Google dasselbe Ergebnis liefern.
Auch hier suchen Sie nicht nach Seiten auf Niederländisch oder Seiten aus den
Niederlanden:

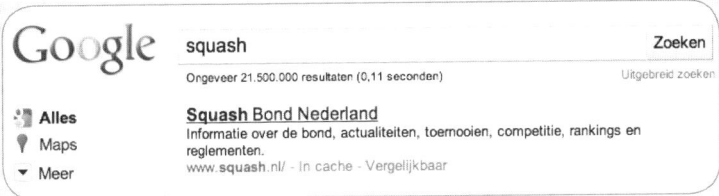

Trotzdem steht jetzt eine Seite auf Niederländisch an erster Stelle.
Eine dritte Suche im Web, diesmal auf www.google.com, liefert wieder
ein anderes Resultat:

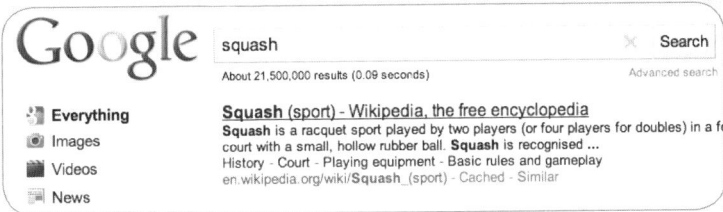

Dies ist das umfassendste Ergebnis. Google bietet direkte Verweise zu Geschichte,
Spielfeld, Zubehör und Regeln, was praktisch ist.
Was geschieht hier? Warum liefert die weltweite Suche nicht von überall aus
immer dasselbe Ergebnis? Weil Google *Geotargeting* verwendet. Die amerikanische Suchmaschine möchte Ihnen am liebsten Informationen auf lokaler Ebene
bieten. Das ist außerdem günstig für Inserenten.

Auf Google Insights (http://www.google.com/insights/search/) können Sie erkennen,
welche Suchbegriffe auf kommunaler Ebene häufig sind. Google weiß das dank
Geotargeting.

Regionales Interesse

1. Stuttgart
2. Offenburg
3. Freiburg Im Breisgau
4. Ulm
5. Mannheim
6. Konstanz
7. Heilbronn
8. Heidelberg
9. Rottweil
10. Karlsruhe

Suchbegriffe

Top-Suchanfragen

1. drogen
2. heroin
3. koks
4. kokain wirkung

Die Orte in Baden-Württemberg, in denen in Google am häufigsten nach Kokain gesucht wurde, und die derzeit beliebtesten Suchbegriffe.

Zunehmende Suchanfragen

1. heroin   Aufsteiger
2. kokain herstellung   Aufsteiger
3. koks   Aufsteiger

Zunehmende Suchanfragen der letzten Wochen.

Nach Schätzungen verwenden 90 Prozent der deutschen Internetnutzer standardmäßig www.google.de und nicht www.google.com. Das ist jedoch gar nicht so günstig, da das deutsche Google relevante internationale Quellen in der Ergebnisliste ganz unten platziert oder gar nicht anzeigt. Das Phänomen zeigt sich besonders bei Suchen zu Themen, die auch außerhalb von Deutschland Bedeutung haben.

Wer ist Natalee Holloway? In der deutschen Ergebnisliste zeigt Google die Biografie, anders als Google.com, nicht zu Beginn an. Wer auf Google.de nach CO_2 sucht, erhält eine eingeschränktere Sicht auf Luftverschmutzungen als der, der auf Google.com sucht. Das deutsche Google zeigt lokale, das „allgemeine" Google weltweite Quellen an. Je nach Land unterscheiden sich die Ergebnisse der weltweiten Suche. Das ist natürlich seltsam, da es doch nur eine gibt.

Google hat Geotargeting zur Kunst erhoben und möchte, dass die Welt in jedem Land durch eine lokale Brille gesehen wird. Das Ziel besteht darin, die Welt ausgehend von seiner eigenen Kultur zu erleben, und das heißt, dass die Suche nach „bar" im deutschen Google eine Site von Architekten aus den Niederlanden, BAR architecten, nicht unter den Top-Ergebnissen zeigt. In Google.nl ist das jedoch der zweite Eintrag in der Ergebnisliste.

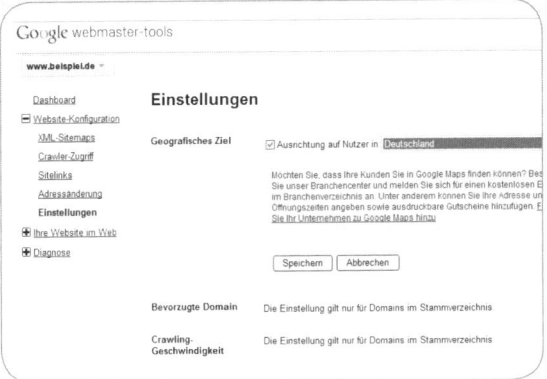

Geotargeting hat auch mit Geld zu tun. Je lokaler die Ergebnisse, desto genauer kann der Werbende seine Botschaft an den Mann bringen und desto mehr kann Google verdienen.

Google.de zeigt zuerst alle deutschsprachigen Ergebnisse an und erst danach anderssprachige. Das muss bei gezielten Suchen wie „united nations" oder „Nato" kein Problem darstellen, denn auch das deutsche Google führt zu den offiziellen Sites der Vereinten Nationen und der Nato. Wer im deutschen Google jedoch „Vereinte Nationen" eingibt, landet bei Wikipedia und nicht direkt bei der offiziellen Site. Warum? Auf www.google.de erhalten Sie zunächst die deutschen und erst danach die weltweiten Ergebnissen. Das kann mitunter seltsame Blüten treiben. Sie suchen die Site der Vereinten Nationen und geben auf Google Deutschland Folgendes ein:

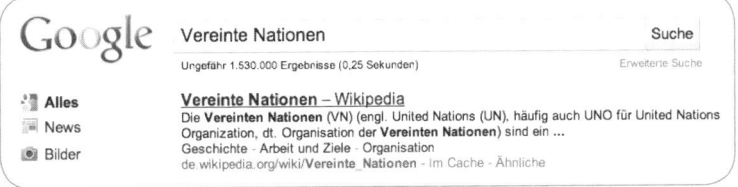

Sie sehen zuoberst Wikipedia. Geben Sie jetzt dasselbe in www.google.com ein:

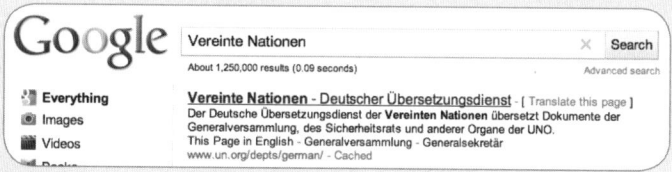

Jetzt landen Sie bei den VN.

Daher mein Rat: Benutzen Sie für einen weiten Blick auf die Welt immer Google. com. Das ist derzeit das neutralste Google. Ebenso von Vorteil ist, dass es auf Google.com stets die neuesten Optionen gibt, auf Google.de jedoch nicht. Zudem bietet das internationale Google mehr Suchoptionen wie weitere Links und Texte wie „Sie suchen dieses, aber wie wäre es mit jenem?" Nachteil ist jedoch, dass in Google.com die lokalen deutschen Dienste nicht laufen, z.B. die Eingabe von *Filme* und dem gewünschten Ort (um direkt das aktuelle Kinoprogramm anzuzeigen).

Auf Google.de können Sie schnell das Kinoprogramm Ihrer Stadt ansehen.

Auf google.com steht davon leider nichts.

Um direkt den Münchner Wetterbereicht zu sehen, müssen Sie auf Google.de sein.

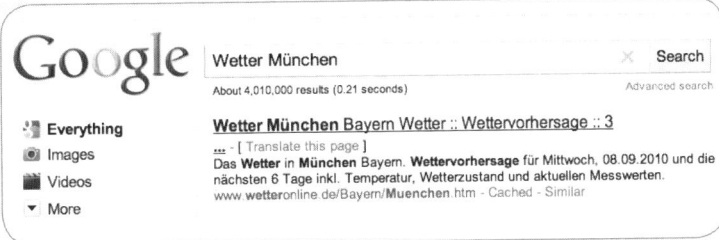

Umständlicher geht es über Google.com ...

... es sei denn, Sie geben anstelle von Wetter „weather" ein.

Es bleibt Ihnen also nichts anderes übrig, als immer zwischen dem einen und dem anderen Google zu wechseln. Mit dem speziellen Link www.google.com/ncr erreichen Sie immer das internationale Google (auch wenn Sie Cookies aktiviert haben). NCR bedeutet *no country region*.

3.

Werkzeugkasten für den Google-Code

In diesem Kapitel lernen Sie sieben praktische Tools kennen, mit denen Sie Ihre Suchaktionen optimieren. Ohne diese Werkzeuge können Sie den Google-Code nicht einsetzen.

Ihr bisheriges Wissen

Das Internet existiert schon seit vielen Jahren. Sehr wahrscheinlich haben Sie in den letzten Jahren zuverlässige Sites gefunden, zu denen Sie stets zurückkehren. In diesem Buch zeige ich Ihnen jedoch, wie Sie ohne bekannte Quellen zu Ergebnissen kommen. „Wie kompliziert", denken Sie vielleicht, „wenn Sie direkt zu dieser und jener Site gegangen wären, hätten Sie die Antwort sofort gefunden." Seien Sie stolz auf sich selbst und auf Ihre eigenen Links. Wenn Sie wissen, dass Sie das Geburtsdatum von Herrn Bouffier am besten auf www.hessischer-landtag.de oder bei Wikipedia finden, ist das prima. Quellen zu kennen ist gut, wirklich gut. Wenn Sie schon eine klare Idee haben, auf welcher Site Sie die Antwort finden, verdient diese den Vorrang. Aber ich möchte kein Buch mit einer Aufzählung von Tausenden von Links für Tausende von Fragen schreiben.

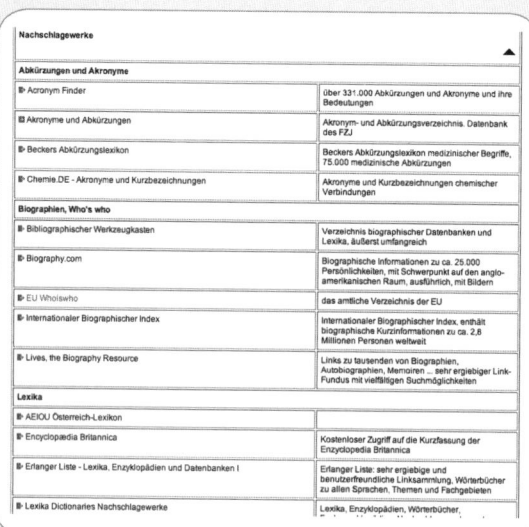

Es ist gut, wenn Sie längst wissen, wo Sie hinmüssen, weil Sie solche Listen auswendig kennen oder als Favoriten gespeichert haben. Aber was ist, wenn Ihr Vorwissen zu einem Thema nicht ausreicht?

Unbekanntes Terrain ist viel spannender. Was tun, wenn Sie keine Ahnung haben, wo die Antwort steht, die Sie suchen?

Das ist der Moment, in dem sich der Google-Code bezahlt macht. Ohne Vorkenntnis über ein Thema können Sie die Antwort immerhin einfach gut raten.

Der Google-Code und bereits bekannte Quellen

Lassen Sie sich überraschen, auch wenn Sie schon wissen, wo etwas steht. Ich möchte etwas über „Boogie's Extreme" erfahren, einer Radrundfahrt. Ich habe keine Lust, den Google-Code einzusetzen, da ich zufällig genau weiß, wo ich so was finden kann, nämlich auf Quäldich:

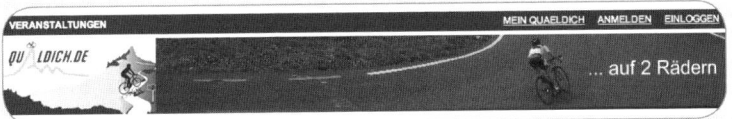

Ich gehe direkt zur Suchfunktion von quaeldich.de und gebe ein:

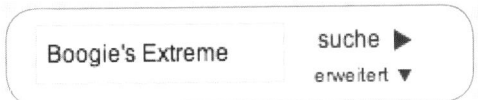

Hm, es ist überhaupt nichts zu finden:

Trotzdem steht der Artikel auf der Site. Sie finden ihn erst, wenn Sie minutenlang auf alle Links klicken. Der Artikel über „Boogie's Extreme" steht zwar auf der Site, ist über die dortige Suchfunktion jedoch nicht zu finden. Im Folgenden lesen Sie, wie Sie ihn mit dem Google-Code schnell finden können. Ich möchte Ihnen damit deutlich machen, dass Sie sich nicht blind auf bekannte Quellen verlassen sollten.

Mithilfe der folgenden sieben Tricks können Sie die Möglichkeiten des Google-Codes so richtig ausschöpfen.

Anführungszeichen

Mit Anführungszeichen legen Sie die Position der Suchbegriffe fest. Das ist
praktisch zum Entrümpeln Ihrer Ergebnisliste. Angenommen, Sie möchten
wissen, wann Hannelore Kraft geboren ist. Ohne Anführungszeichen erhalten
Sie rund 29.000 Antworten (Stand September 2010):

Das liegt daran, dass Google auch die Sites anzeigt, die von einer Gesetzes-
änderung handeln, die sich auf Kinder auswirkt, die vor einem bestimmten
Datum **geboren** sind. Eine andere Presseinformation handelt von **Hannelore
Kraft**. Google geht davon aus, dass die Suchbegriffe irgendwo auf der Seite
stehen können. Mit Anführungszeichen ist die Reihenfolge der Wörter jedoch
festgelegt. Google zeigt nur noch entsprechende Ergebnisse:

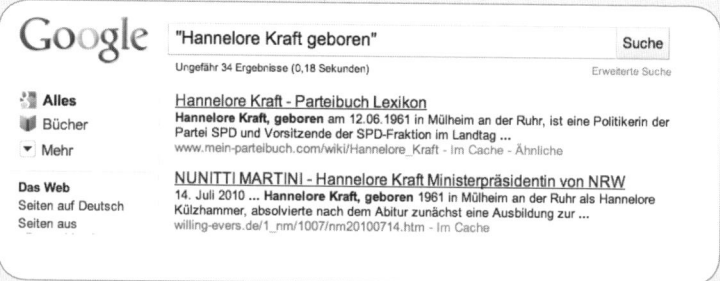

Der Hintergrund ist, dass irgendwo im Web die vollständige Fassung dieses
Satzfragments steht – das ist das Grundprinzip des Google-Codes. Sie erhalten
plötzlich viel weniger Ergebnisse, nur noch 34.
Suchen mit Anführungszeichen ist Suchen mit chirurgischer Präzision. Daher
halte ich die Satzteile innerhalb der Anführungszeichen immer so knapp wie
möglich. Ich weiß nie genau, wie jemand etwas geschrieben haben mag. Diese
Suche ist ein reines Glücksspiel:

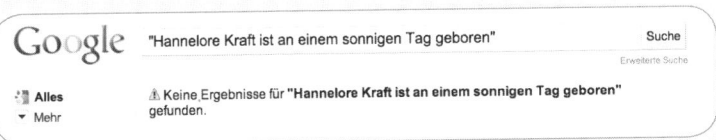

Diese Art von Suche ist nicht sinnvoll. Sie müssen schon sehr scharfsinnig sein, um die Reihenfolge von zehn Wörtern genau richtig vorherzusagen. Der Google-Code funktioniert einfacher.

Teilen Sie den Satz auf und verwenden Sie nur die Teile, von denen Sie nahezu sicher wissen, dass sie zueinander gehören:

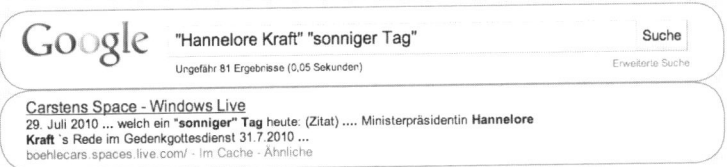

Anführungszeichen sind auch bei der Suche nach Personen zu empfehlen. Die Suche nach **Beate Deller** listet nicht nur Beate Deller, sondern auch Beate Birk und Anja Deller auf. So können Sie mit einer Suche nach Bin Laden bei einer Konditorei landen. (Ich **bin** Deutscher und habe einen **Laden** in Berlin.) Wenn Sie Anführungszeichen verwenden, bestimmen Sie die korrekte Reihenfolge, und nicht Google.

Manchmal liegen Sie daneben. Bis vor kurzem blieb Ihnen dann nichts anderes übrig, als die Anführungszeichen aus der Suche zu entfernen und es mit den einzelnen Wörtern erneut zu versuchen. Google reagiert darauf momentan sehr praktisch. Liefert Ihre Suche mit Anführungszeichen kein Ergebnis, wird meistens automatisch nach den einzelnen Begriffen gesucht.

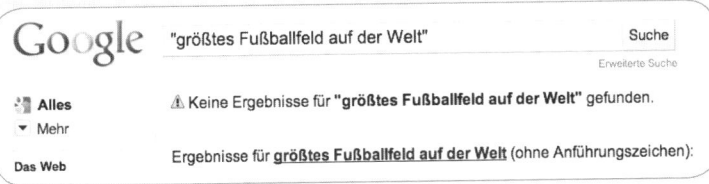

Google ist nicht nachtragend. Machen Sie einen Tippfehler in einem Ausdruck in Anführungszeichen oder existiert der Satz einfach nicht, wird das nicht gleich bestraft. Die Suche geht einfach ohne Anführungszeichen weiter.

Mein Rat lautet: Suchen Sie immer mit Anführungszeichen. So bestimmen Sie
die Reihenfolge der Begriffe und nicht Google. Liegen Sie mit Ihrer Konstruktion
falsch, passiert nichts. Google betrachtet den Ausdruck dann als einzelne Begriffe.
Folgendes ist allerdings übertrieben:

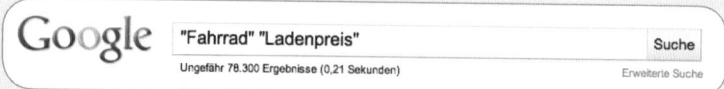

Es ist nicht sinnvoll, ein einzelnes Wort in Anführungszeichen zu setzen, da bei
einem Wort keine Reihenfolge angegeben werden muss. Setzen Sie Anführungszeichen daher nur bei Satzteilen von zwei oder mehr Wörtern ein.

Machen Sie sich klar, dass die Suche mit Anführungszeichen schon bei der kleins-
ten Änderung zu andere Quellen führt. Der Unterschied zwischen den beiden
folgenden Suchen ist gering, die Ergebnisse jedoch sehr unterschiedlich:

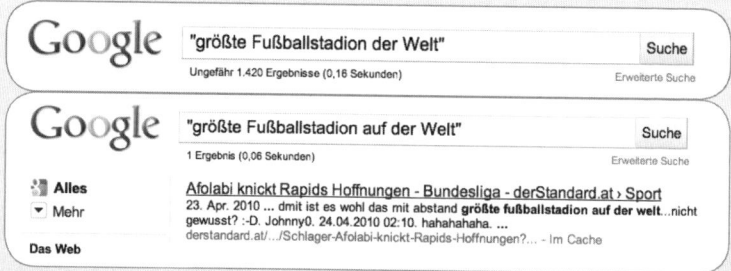

Mit „größte Fußballstadion der Welt" finden Sie 1.420 Quellen. Haben Sie jedoch „größte Fußballstadion auf der Welt" gewählt, erhalten Sie genau eines.
Da Google gratis ist, können Sie beide Suchen getrost ausprobieren.

Doch kehren wir zum Geburtstag von Frau Kraft zurück. Man kann noch genauer einschätzen, mit welchem Satz das Geburtsdatum von Hannelore Kraft
vielleicht im Web steht. Sie wissen mehr von der Antwort, als Sie denken. Sie
wissen, dass nach „Hannelore Kraft ist" wahrscheinlich das Wörtchen *am* folgt
und danach ein Datum. Sie wissen des Weiteren, dass ein Monat maximal 31
Tage hat. Damit wissen Sie, dass das Ergebnis immer eines der Folgenden ist:

Hannelore Kraft ist am 1 (Name des Monats) geboren
Hannelore Kraft ist am 2 (Name des Monats) geboren
Hannelore Kraft ist am 3 (Name des Monats) geboren
(...)
Hannelore Kraft ist am 31 (Name des Monats) geboren

Es wäre wirklich aufwändig, das 31 Mal einzugeben. Das müssen Sie dank des Tricks mit den drei Pünktchen glücklicherweise auch nicht. Doch dazu später mehr.

Der Google-Code und Anführungszeichen

Mit dem Google-Code nehmen Sie die erwartete Antwort vorweg. Anführungszeichen sind daher das wichtigste Werkzeug für den Google-Code. Ort und Reihenfolge der Wörter liegen fest, wodurch Sie sehr genau suchen können. Ich gebe Ihnen drei Beispiele.

Angenommen, Sie fahren einen Ford Focus und möchten wissen, welche besseren Autos es zurzeit gibt. Sie können natürlich eine Händler-Site besuchen. Aber um schnell einen Überblick zu bekommen, ist es manchmal besser, den Google-Code einzusetzen. Wie würden Sie selbst sagen, dass Ihr neues Auto besser ist als ein Ford Focus? „... ist besser als der Ford Focus." Geben Sie das also in Google ein:

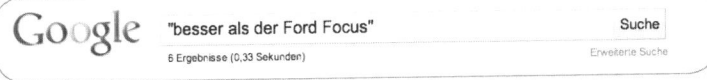

Google   "besser als der Ford Focus"   Suche
          6 Ergebnisse (0,33 Sekunden)   Erweiterte Suche

Nach Meinung eines Fahrers ist der Ford Escort, was das Design betrifft, um einiges besser als der Focus. Für einen ersten Eindruck ist das kein schlechtes Ergebnis! Da es jedoch viele Möglichkeiten gibt, etwas auszudrücken, kann auch die Suche nach „besser als den Ford Focus" oder „besser als beim Ford Focus" erfolgreich sein. Mit zunehmender Verwendung des Google-Codes werden Sie ein besseres Gespür für geschickte Formulierungen bekommen.

Angenommen, Sie machen ein Praktikum beim Chemiekonzern Bayer und möchten wissen, wie andere Mitarbeiter ihr Praktikum erlebt haben. Natürlich können Sie auf StudiVZ oder Facebook gucken, aber was, wenn Sie es mit Google versuchen? Ist „Praktikum bei Bayer" dann eine gute Suche? Nein, das ist es nicht:

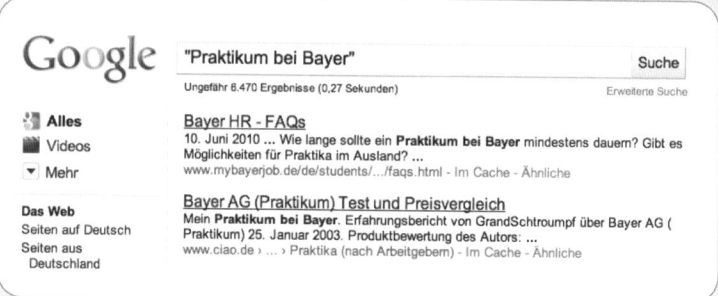

Hiermit finden Sie alles mögliche zu Praktikumsstellen bei Bayer. Sie möchten aber Personen finden, die schon dort gearbeitet haben. Wenden Sie den Google-Code an. Wenn Sie das Praktikum hinter sich haben, wie schreiben Sie dann darüber? Welcher Ausdruck kommt in beinah allen Praktikumsberichten vor, egal wie salopp sie sind? Wie finden Sie Folgendes?

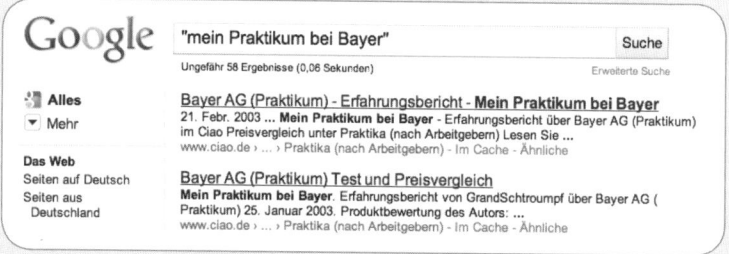

Sie sehen 58 Ergebnisse. Der Google-Code und die Anführungszeichen ergeben einen guten Einblick in verschiedene Praktika innerhalb des Bayer-Konzerns. Ergibt eine derartige Suche zu wenige (oder keine) Treffer, versuchen Sie die wichtigsten Begriffe in zwei separate Ausdrücke zu fassen. Umgekehrt können zu viele Treffer durch weitere Suchbegriffe innerhalb oder außerhalb der Anführungszeichen eingegrenzt werden.

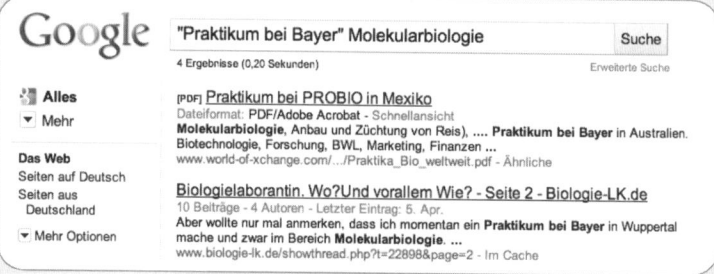

Das sieht gut aus, die Ergebnisse wurden durch einen weiteren Begriff präziser. Am besten suchen Sie mit Anführungszeichen so vorsichtig wie möglich. Raten Sie immer die Antwort. Ich teile Ausdrücke oft auf, weil ich mich nicht traue, einen langen Satz vorzugeben. Probieren Sie im Zweifel verschiedene Formulierungen und Gruppierungen aus, bevor Sie sich durch endlose Ergebnislisten klicken.

Sie haben gehört, dass kein Mensch, sondern ein Tier am schnellsten 100 Meter läuft? Wie wenden Sie auf eine solche Fragestellung den Google-Code und Anführungszeichen an? Machen Sie sich keine Sorgen darüber, was Sie nicht wissen. Profitieren Sie davon, was Sie schon wissen. Sie suchen:

Weltrekord über 100 m

ein Tier

100 Meter ist ein zusammenhängender Begriff, dazu kommt Weltrekord. Außerdem müssen Sie die Information, dass es um ein Tier geht, in Google eingeben:

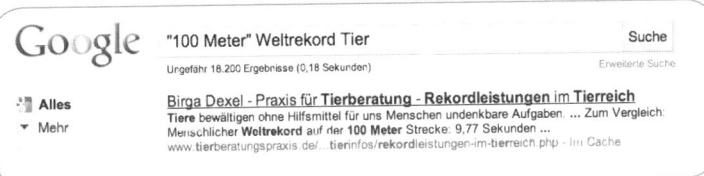

Sie möchten wissen, was andere über Sie sagen? Nutzen Sie den Trick mit den Anführungszeichen. Bei meinem Namen wäre das: *„Henk van Ess"*. Möchten Sie unbedingt das Geburtsdatum von Herbert Grönemeyer wissen, geben Sie „Herbert Grönemeyer, geboren am" ein. Formulieren Sie die Suchanfrage so, wie ein anderer sie geschrieben haben könnte.

Der Trick mit den drei Pünktchen

Angenommen, Sie haben keine Ahnung mehr, wie hoch die Höchstgeschwindigkeit in geschlossenen Ortschaften ist. Waren es 30 km/h? Oder 80? Zwei Dinge wissen Sie sicher, nämlich dass Sie die Höchstgeschwindigkeit innerorts wissen möchten und dass diese zwischen 30 und 80 km/h liegt. Dieses Vorwissen geben Sie in Google ein.

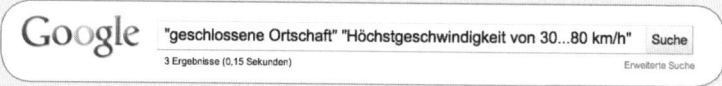

Setzen Sie zwischen 30 und 80 drei Pünktchen. Jetzt werden alle Zahlen zwischen 30 und 80 gesucht, aber nicht beliebig. Die Zahlen müssen genau an der Position stehen, wo Sie sie haben möchten, nach „Höchstgeschwindigkeit" und vor „km/h". Google sucht nur nach Ausdrücken auf Sites, in denen der Ausdruck „geschlossene Ortschaft" steht und einer der folgenden Ausdrücke:

Höchstgeschwindigkeit von 30 km/h
Höchstgeschwindigkeit von 31 km/h
(...)
Höchstgeschwindigkeit von 80 km/h

Mit einer so genauen Suche erhalten Sie nicht einmal 10 Ergebnisse (Stand September 2010). Zuoberst sehen Sie den Hinweis, dass die Antwort 50 km/h lautet:

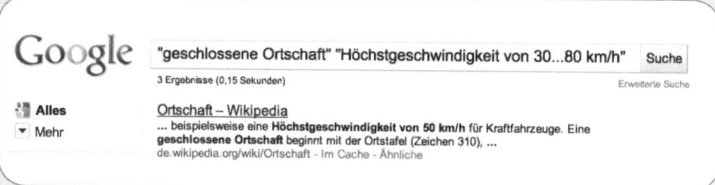

Achtung, mit zwei oder vier Punkten funktioniert der Trick nicht! Die Zahlen dürfen außerdem keinen Punkt enthalten, 20.000 wird also 20000. Mit demselben Trick können Sie Geld sparen. Suchen Sie eine Waschmaschine zwischen 300 und 400 Euro? Geben Sie in Google **Waschmaschine €300...400** ein. Auch andere Währungszeichen sind möglich, wie z.B. **„Lord of the Rings" $10 ... 15**. Zurück zu Frau Kraft aus dem Abschnitt über Anführungszeichen. Wann ist sie geboren? Dank des Tricks mit den drei Punkten erhalten wir nur vier Ergebnisse, weil wir jetzt noch präziser suchen können:

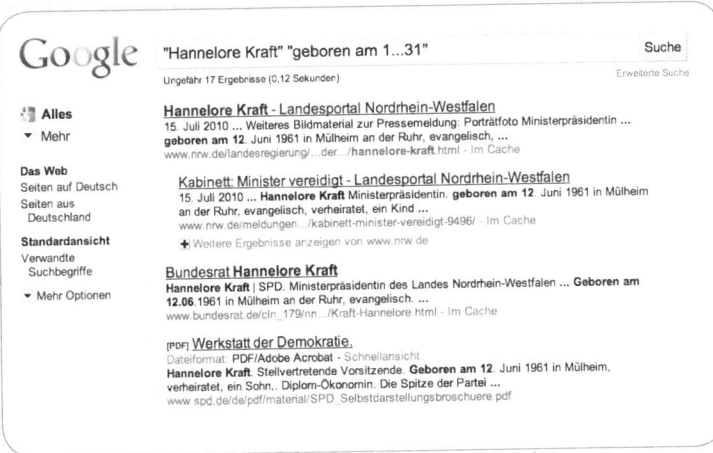

In dieser Handvoll Quellen steht, dass sie am 7. Mai 1956 geboren ist. Sind die beiden ersten Quellen zuverlässig? Sie haben mit „Hannelore Kraft geboren" gesucht und *vermuten*, dass es der *12. Juni 1961* ist, aber sind Sie sicher? Erst nach der Kontrolle wissen wir mehr. Lesen Sie dazu den Abschnitt über den Kontrolltrick.

Der Google-Code und der Trick mit den drei Punkten

Wann begann der Koreakrieg? Sie wissen nicht genau, ob es 1948, 1949 oder vielleicht doch 1950 war? Die drei Punkte helfen Ihnen:

Das Schöne an dem Punktetrick ist, dass Sie auf historischen Seiten landen und damit allerlei andere Quellen umgehen. Wann wurde der Sender SFB gegründet? Keine Ahnung? Gibt's nicht. Stellen Sie sich gesuchte Dokument vor. Richten Sie die Suche nur auf Sites aus, auf denen Jahreszahlen stehen. Damit verbessern Sie die Chance, eine geschichtskundliche Site zu erreichen:

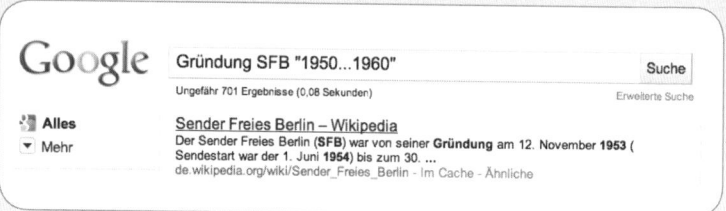

Wann erhielt Lüneburg die Stadtrechte? Das müsste zwischen 1000 und 1300 gewesen sein. Geben Sie **Lüneburg**, den Zeitraum und **Stadtrechte** ein:

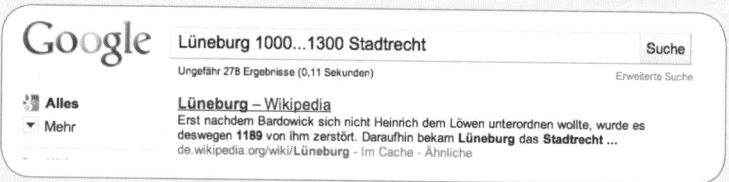

Der Kontrolltrick

Die Suche in Google stellt Sie vor ein neues Problem: Wie zuverlässig ist die Handvoll Quellen, die Sie haben?

Der Google-Code macht die Ergebnisliste viel kürzer. Das ist prima, aber wie kompetent sind die Quellen? Indem Sie Google keine Fragen mehr stellen, sondern Antworten vorwegnehmen, suchen Sie genauer denn je. Meistens finden Sie mit dem Google-Code schnell ein Ergebnis, von der Quelle haben Sie jedoch oft noch nie gehört.

Das lässt sich glücklicherweise klären, indem Sie berücksichtigen, wie Google funktioniert. Sites mit vielen Verweisen von anderen wichtigen Sites erscheinen von selbst im oberen Teil der Ergebnisliste. Wir müssen nur noch das Ergebnis überprüfen, aber nicht mehr so genau suchen. Wie geht das?

Die wahrscheinliche Antwort auf die Frage nach dem Geburtsdatum von Frau Kraft war „12. Juni 1961". Es geht um „Hannelore Kraft". Geben Sie also ein:

Die erste Quelle ist die Homepage der Politikerin, die zweite Seite ist Wikipedia. Auf Rang drei folgt die offizielle Site der Landesregierung NRW, Platz vier nimmt mit Der Westen eine Medienseite ein. Plötzlich haben Sie mehrere ausgezeichnete Quellen, die alle dasselbe behaupten. Sie können das Ergebnis jetzt als richtig annehmen (Ob das allerdings für Regierungsquellen immer behauptet werden kann?).

Setzen Sie beim Kontrolltrick die vermutliche Antwort in Anführungszeichen (also „12. Juni 1961") und wiederholen Sie nicht die ursprüngliche Frage („*Hannelore Kraft*" „*geboren am 1 … 31*"), sondern nur den Hauptbegriff („Hannelore Kraft"). Der Kontrolltrick hat immer den Zweck, eine Vermutung zu bestätigen und weitere Quellen zu finden, die dasselbe aussagen. Dank der Systematik von Google erscheinen im oberen Teil von selbst die Quellen, die oft von anderen zitiert werden. Das sind, wie in diesem Beispiel, meist offizielle Quellen.

Der Google-Code und der Kontrolltrick

Woraus genau besteht Steinkohle? Keine Vorstellung? Gibt's nicht, mit dem Google-Code können Sie das klären. Wie wäre Ihr erster Gedanke für einen Artikel über die Zusammensetzung von Steinkohle? Es ist nicht *Die Zusammensetzung der Steinkohle ist*, sondern *Steinkohle besteht aus* oder *Steinkohle setzt sich aus …* zusammen.

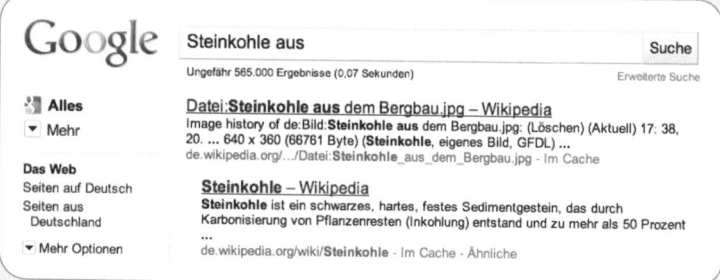

Die Suche führt zu Wikipedia. Steinkohle entsteht also aus Pflanzenresten. Mit „Steinkohle enthält" fällt das Ergebnis anders aus:

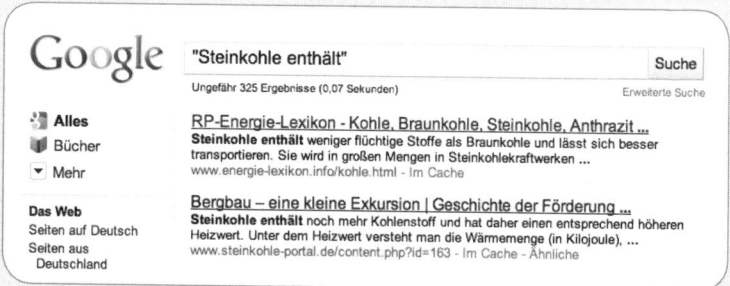

Hm, hier ist von flüchtigen Stoffen und Kohlenstoff die Rede. Was heißt das? Setzen Sie den Kontrolltrick ein, aber formulieren Sie nicht mehr so genau. Sie möchten jetzt schließlich mehr Quellen erhalten und zwar auch solche, die das, was Sie suchen, anders beschreiben:

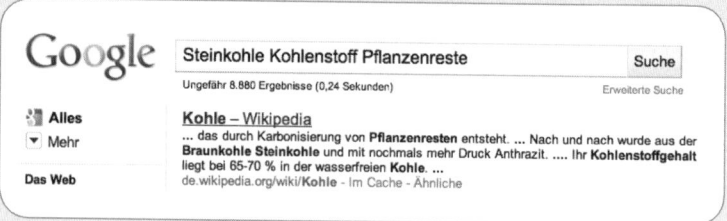

Faustregel ist, dass Sie das Thema kurz wiederholen (Steinkohle) und Details der Antwort aufzählen (Pflanzenreste und Kohlenstoff). Verwenden Sie jetzt keine Anführungszeichen, da es nun nicht mehr darum geht, genau ähnliche Antworten vorzugeben, sondern darum, weitere Quellen zu finden, die die Beweisführung untermauern. Auf Platz 1 steht Wikipedia mit einem Artikel über Kohle und einem Abschnitt über Steinkohle:

Steinkohle

→ *Hauptartikel: Steinkohle*

Steinkohle ist ein Sammelbegriff für höherwertige Kohlen. Entstanden ist sie aus großen Urwaldbeständen, die im Prozess des Absterbens große Mengen Biomasse anhäuften, ähnlich wie in einem Torfmoor zur heutigen Zeit. Diese Ablagerungen wurden teilweise in regelmäßigen Abständen (deswegen gibt es im Steinkohlebergbau meist mehrere Kohleflöze) durch andere Sedimente wie Tone und Sand/Sandsteine abgedeckt. Dadurch wurde das organische Ausgangsmaterial unter Luftabschluss und hohen Drücken und Temperaturen solange verdichtet und umgewandelt, bis ein fester Verbund aus Kohlenstoff, Wasser und unbrennbaren mineralischen Einschlüssen entstand. Die Mineralsubstanz wird bei der Verbrennung verändert und erscheint dann in Form von Asche. Steinkohle zeichnet sich durch eine schwarze, feste Grundmasse aus, in welcher mitunter Einschlüsse und Abdrücke prähistorischer Pflanzen zu finden sind.

 Selbst Antworten auf fragwürdigen Sites können Sie auf Ideen bringen. Diesmal lautet die Frage: Wer erfand den Weihnachtsmann? Der Google-Code führt zu folgender Suche:

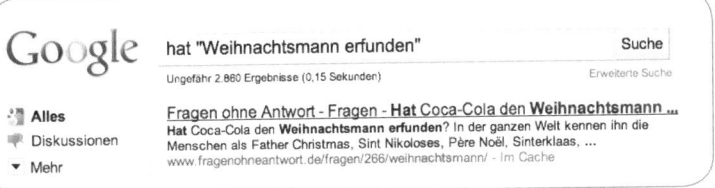

Anstelle der Antwort, dass XY den Weihnachtsmann erfunden hat, sehen Sie, dass sich auch andere Personen mit derselben Frage beschäftigen. Genauer gesagt geht es darum, ob Coca-Cola den Weihnachtsmann erfunden hat. Wenden Sie direkt den Kontrolltrick an:

Wie aufgrund der Suchanfrage zu erwarten ist, beziehen sich alle Suchergebnisse sowohl auf den Weihnachtsmann als auch auf die braune Brause. Andererseits wird auf den ersten Blick nirgendwo behauptet, die Firma habe den Weihnachtsmann erfunden. Ziemlich oben in der Ergebnisliste sehen Sie diesen Eintrag:

Es scheint also um mehr zu gehen als den Weihnachtsmann. Hier kommt der
Nikolaus ins Spiel. In diesem Dokument von Coca-Cola Deutschland behauptet
die Firma selbst jedenfalls nicht, sie habe den Weihnachtsmann erfunden.
Aber auch das steht in den Top Ten weit oben:

NDR Online - Radio - Kirche- St. Nikolaus und **Coca-Cola**
Erst seit rund 70 Jahren gehört der **Weihnachtsmann** zum Heiligabend - erfunden als
Werbegag einer Getränkefirma in rot-weiß. Dabei ist eigentlich St. ...
www1.ndr.de/radio/err/ereignisse/err156.html - Ähnliche

Innerhalb der Top 10 erwähnt der NDR in einem Nebensatz, der Weihnachtsmann sei als Werbegag der Getränkefirma erfunden worden. Behalten Sie einen
klaren Kopf und wenden Sie den Google-Code erneut an.

Erst 1931 wurde sein heutiges Erscheinungsbild festgelegt. Die Firma
Coca Cola beauftragte den Zeichner Haddon Sundblom, den
Weihnachtsmann für eine Anzeige zu gestalten. Angeblich diente
sein eigenes Gesicht als Vorlage. Aber das die Gestalt des
Weihnachtsmannes auch der germanischen Mythologie entlehnt
worden sein kann und den Gott Thor darstellt, wäre ebenfalls
denkbar. Sundblom wird sich, da er schwedische Wurzeln hat, seiner
nordischen Götterwelt erinnert haben. In dieser wird Thor als
älterer, korpulenter Mann, der stets freundlich ist und einen langen
weißen Bart hat, beschrieben. Wie dem auch sei, fest steht, dass die
Werbekampagne äußerst erfolgreich war und seitdem in der
Weihnachtswerbung von Coca Cola verwendet wurde. Mitnichten hat
also Coca Cola den Weihnachtsmann erfunden. Coca Cola hat ihm
lediglich das uns heute vertraute Gesicht gegeben.

Wahr oder nicht? Wiederholen Sie den Kontrolltrick, bis Sie mehr wissen.

Es gibt nur zwei Möglichkeiten: Coca Cola hat den Weihnachtsmann erfunden oder nicht. Ich gebe also beide Ausdrücke ein und schaue, was passiert:

Bereits aus den Top-Ergebnissen der ersten Anfrage ist ersichtlich, dass es sich bei der Aussage „Weihnachtsmann von Coca-Cola erfunden" um ein Gerücht handelt. Daher sind die 710 erzielten Ergebnisse nicht oder zumindest nicht ausnahmslos als Untermauerung der Aussage geeignet. Die zweite Anfrage liefert nur 120 Ergebnisse. *Machen Sie daraus aber keinen Mehrheitsentscheidung und lassen Sie sich nicht von der puren Anzahl der Ergebnisse beeindrucken.* Wenden Sie den Google-Code noch präziser an. Ist es wahrscheinlich, dass es die Antwort auch auf Englisch im Web gibt? Ja, wobei die entsprechende Figur in angelsächsischen Ländern Santa Claus heißt. Suchen Sie auf Google.com in der Ausgangssprache (in diesem Fall ist das die Sprache, in der Sie die meisten Quellen vermuten):

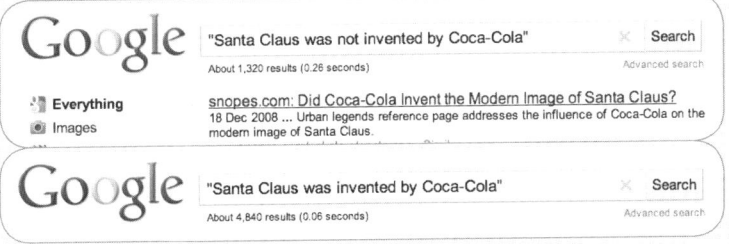

Sie sehen schnell, dass Sie auf Englisch viel mehr Ergebnisse erzielen, etwa zwei-tausend Mal so viele. Genau 5.010 Ergebnisse besagen, dass Coca-Cola der geis-tige Vater ist und 1.320, dass dem nicht so ist. Auf den ersten Blick scheint also die richtige Antwort: Der Weihnachtsmann ist eine Erfindung von Coca-Cola. Was jetzt? Nach Anwendung des Google-Codes und des Kontrolltricks ist nicht sicher, was richtig ist. Wenn in Google etwas so umstritten ist wie der Ursprung des Weihnachtsmanns, suchen Sie eine bessere Quelle. Versuchen Sie, die Zuver-lässigkeit der Ergebnisse zu verbessern. Könnte die Antwort vielleicht in Büchern stehen?

Google Bücher ist eine Suchmaschine, die Hunderttausende Bücher anzeigt.

Nach Studium der Ergebnisse aus Büchern scheinen beide Antworten ein biss-chen wahr. Der Weihnachtsmann kommt ursprünglich aus ... den Niederlanden und ist eine Verfremdung von Sint Nicolaas nach Sinterklaas nach Santa Claus. Der Karikaturist Thomas Nast machte 1862 die ersten Zeichnungen:

Aber richtig groß wird der Weihnachtsmann dank einer Werbekampagne von Coca-Cola in den Dreißiger Jahren. Der Zeichner Haddon Sundblom erfand das Bild des gütigen blauäugigen rundbäuchigen Mannes mit roten Lippen:

Zusammenfassung:
1. Stellen Sie sich das gesuchte Dokument vor und wenden Sie den Google-Code an.
2. Mögliche Antwort gefunden? Kontrollieren Sie diese!
3. Das geht so: Geben Sie die Antwort und das Thema in Google ein.
4. Widersprüchliche Ergebnisse?

Gehen Sie zu books.google.com (Bücher).
Gehen Sie zu scholar.google.com (wissenschaftliche Quellen).
Oder fügen Sie **site:edu** hinzu, wenn es um Informationen in Englisch geht.

Der Trick mit dem Minus

Mitunter steht ein regelrechter „Müll" in der Ergebnisliste. Betrachten Sie die
Ergebnisliste folgender Suche:

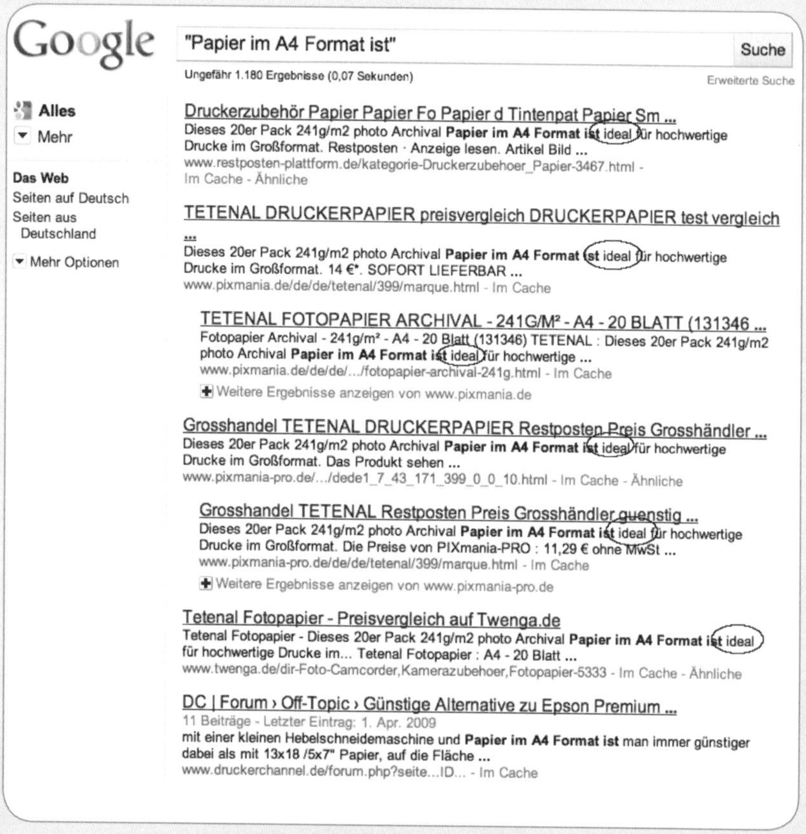

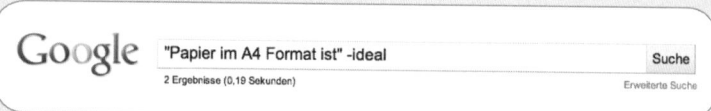

In fast jeder Antwort steht das Wort „ideal". Auf solche Ergebnisse können Sie
gut verzichten. Lösen Sie das Problem mit dem Minuszeichentrick. Geben Sie
nach den Suchbegriffen das oder die Wörter ein, die Sie loswerden möchten:

Von diesem Moment an verschwinden alle Ergebnisse, die das Wort *ideal* enthalten.

Mit einem Minus filtern Sie die Ergebnisse, die Ihnen nicht passen. Sie suchen z.b. nach allgemeinen Informationen über Fahrräder, landen aber immer bei Onlineshops. Wie werden Sie die los? Wenden Sie den Google-Code zum Entfernen unbrauchbarer Quellen an. Was ist die Gemeinsamkeit von Onlineshops? Welches Wort oder Zeichen steht wahrscheinlich in allen Shops?

Haben Sie keine Idee? Dann öffnen Sie einige Websites. Wohin Sie auch schauen, irgendwo steht das Eurozeichen. Leider kommen Ihnen Google, Bing und Yahoo hierbei nicht entgegen, denn Sie können keine Währungszeichen wie $ oder € ausschließen.

Unglaublich, aber wahr: Es hat keinerlei Auswirkungen, wenn Sie mit dem Minuszeichen ein Währungszeichen ausschließen. Beide Suchen ergeben 12,7 Mio. Ergebnisse.

Wir müssen also anders suchen. Da es um einen Laden geht, stehen auf der Site oft die Öffnungszeiten. Da Sie Läden ausschließen möchten, machen Sie Folgendes:

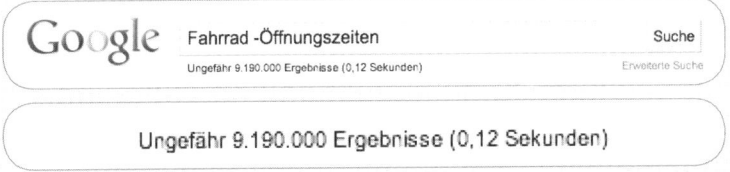

Sie verlieren ca. 3,5 Millionen Ergebnisse, nicht schlecht. Aber geht's noch besser? Im Text eines Webshops steht oft das Wort „Preis". „Preis" stellt sich tatsächlich als gute Wahl heraus:

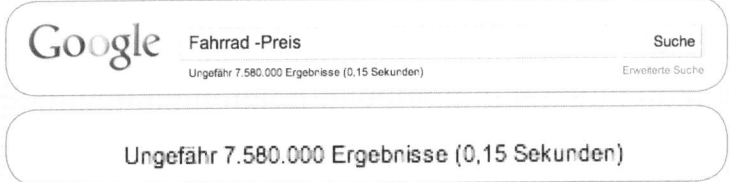

Mit diesem Wörtchen verlieren Sie mehr als fünf Millionen Quellen. Das ist immer noch zu viel. Zum Glück können Sie mit mehreren Minuszeichen arbeiten:

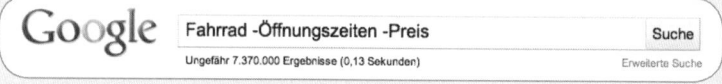

Die ersten paar hundert Ergebnisse enthalten jetzt kaum noch kommerzielle Informationen. Hierbei hat der Google-Code Ihre Ergebnisliste nicht ultrakurz gemacht, aber die ersten Ergebnisseiten sind jetzt relevanter, weil die Webshops daraus verschwunden sind.

Den ultimativen Google-Code hab ich bis zum Schluss aufgehoben. Wie wird der Preis eines Fahrrads ausgedrückt? In Euro, aber das €-Zeichen konnten wir nicht ausschließen. Woraus besteht ein Preis? Aus Ziffern. Wie teuer sind Räder? Zwischen 1 Euro (optimistisch gedacht …) und 2000 Euro (im Fachhandel). Das könnte klappen. Probieren Sie dies direkt in Google aus:

Mit dieser scheinbar seltsamen Suche verkürzen Sie die Ergebnisliste von 12,7 Millionen auf 5.420 Einträge – so effektiv ist der Google-Code! Sie verpassen natürlich einige Sites, die Zahlworte oder Jahreszahlen enthalten, aber keine Sites, auf denen Ausdrücke wie „Fahrrad mit 2 Bremsen ist sicherer" oder „mit einem Rad können Sie 1001 Sache tun", denn meist erscheinen solche Formulierungen ausgeschrieben wie „mit einem Rad können Sie tausendundeine Sache tun". Sie suchen mit dem Trick von den drei Punkten nach Ziffern, nicht nach ausgeschriebenen Zahlen.

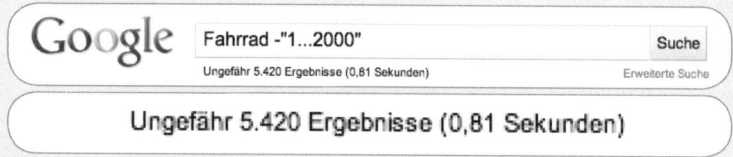

Mit einem Minus können Sie auch ganze Ausdrücke ausschließen, z.B.:

Auch Kombinationen von einzelnen Wörtern und einem Ausdruck sind möglich:

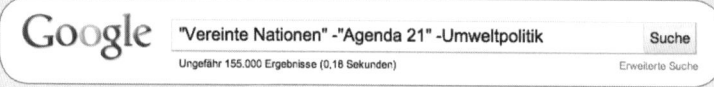

Der Google-Code und das Minus

Angenommen, Sie suchen nach allgemeinen Informationen über die Kosten für die Flugbereitschaft für Regierungsmitglieder, aber die Zeitungen sind voll mit den Maßnahmen, diese Kosten einzudämmen.

Google | Bundesregierung Flugbereitschaft kosten | Suche

Ungefähr 41.200 Ergebnisse (0,18 Sekunden)　　　　Erweiterte Suche

:: Alles

▼ Mehr

Das Web
Seiten auf Deutsch
Seiten aus
Deutschland

▼ Mehr Optionen

Flugbereitschaft - Warum die Bundesregierung umweltschädlich ist
...
27. Juli 2008 ... Umso opulenter sind die **Kosten**, die diese Flüge verursachen. ... würde die **Flugbereitschaft** nicht nur für den Transport der **Bundesregierung** ...
www.morgenpost.de › Nachrichten › Politik - Im Cache - Ähnliche

Flugbereitschaft des Bundesministeriums der Verteidigung –
Wikipedia
Wenn die **Bundesregierung** sie braucht, stehen sie in Berlin zur Verfügung. ... Die **Gesamtkosten** der Aufrüstung inkl. aller Maßnahmen betrugen 17 Mio. Euro. ... Geschichte - Aufgaben - Gliederung - Luftfahrzeuge
de.wikipedia.org/.../**Flugbereitschaft**_des_Bundesministeriums_der_ Verteidigung -
Im Cache - Ähnliche

Zuverlässig, schnell und modern – die Flugbereitschaft BMVg
22. Okt. 2008 ... Zuverlässig, schnell und modern – die **Flugbereitschaft** BMVg ... alle Ressorts der **Bundesregierung** auf die Unterstützung der **Flugbereitschaft** ...
www.luftwaffe.de/.../L2dJQSEvUUt3QS80SVVFLzZfMjBfR00x?... -
Im Cache - Ähnliche

Flugbereitschaft der Bundesregierung zieht nach Berlin um ...
23. Dez. 2008 ... **Flugbereitschaft** der **Bundesregierung** zieht nach Berlin um -
Nachrichten welt_print - WELT ONLINE ... Das führt zu unnötig hohen **Kosten**. ...
www.welt.de/.../Flugbereitschaft-der-Bundesregierung-zieht-nach-Berlin-um. html -
Im Cache - Ähnliche

Sie erhalten viel zu viele Ergebnisse:

Ungefähr 41.200 Ergebnisse (0,18 Sekunden)

Hieran sind Sie nicht interessiert. Sie möchten keine Informationen der letzten Tage, sondern z.B. der letzten ein oder zwei Jahre. Das ist wieder eine Gelegenheit, den Google-Code anzuwenden. Sie möchten keine Nachrichten sehen:

Google | Bundesregierung Flugbereitschaft Kosten -Nachrichten | Suche

Ungefähr 9.470 Ergebnisse (0,14 Sekunden)　　　　Erweiterte Suche

Ist das ein guter Google-Code? Denken Sie darüber nach. Steht in irgendeinem Artikel das Wort „Nachrichten"? Nein, eher nicht. In Nachrichten steht nicht, dass es Nachrichten sind. Was jetzt?

Öffnen Sie einige Nachrichtenmeldungen und suchen Sie nach Übereinstimmungen zwischen verschiedenen Artikeln. Richtig, das Datum. Ein besserer Google-Code ist daher also:

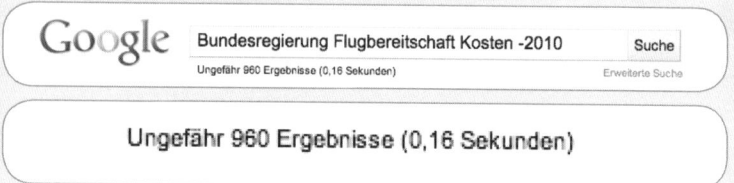

Durch die Kombination des Google-Codes mit dem „Trick mit dem Minus" verlieren Sie 40.240 Quellen auf einen Schlag, und das nur dank der fünf Zeichen -2010! Übrigens können Sie diese Frage auch angehen, indem Sie auf www.google.com gehen und einen speziellen Datumswähler verwenden:

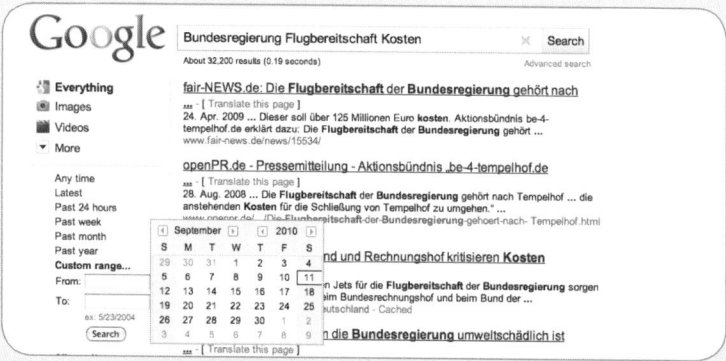

Wählen Sie ein Datum (in der amerikanischen Schreibweise), zeigt Google nur die Dokumente aus der von Ihnen gewählten Zeit an. Achtung: Das ist der Zeitpunkt, an dem Google die Dokumente zum ersten Mal fand. Meistens ist das Anfangsdatum der Tag, an dem die Seite zum ersten Mal online gestellt wurde. Das muss jedoch nicht mit dem Datum übereinstimmen, an dem das Dokument verfasst wurde – es kann auch älter sein. So durfte ich neulich einen miserabel geschriebenen Artikel nach 20 Jahren online stellen, und Google meldete einen Tag später, dass er erst 24 Stunden alt war.

Weitergehende Auskünfte erhalten Sie mit der Archivsuche unter news.google.de/archivesearch. Verwenden Sie alternativ die englischsprachige Archivsuche unter news.google.com/archivesearch und geben Sie Ihre Suche (ungeachtet des englischen Suchformulars) auf Deutsch ein.

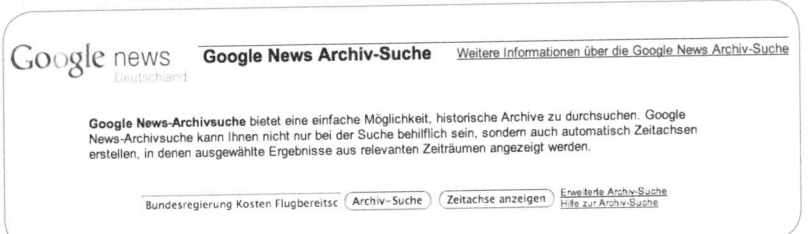

Die Meldungen werden in einer Zeitachse angeordnet. Klicken Sie auf eine Jahreszahl, sehen Sie nur die Nachrichten aus dem Jahr. Komplett und perfekt ist die Zeitachse noch nicht, aber es ist immerhin ein vielversprechender Anfang:

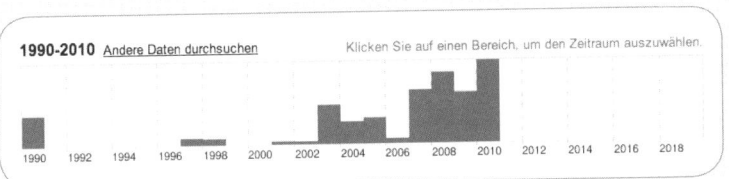

Klicken Sie auf 2008, wird die Zeitachse verfeinert, sodass einzelne Monate sichtbar werden. Sie sehen, dass es damals schon Wirbel um die Flugkosten gab:

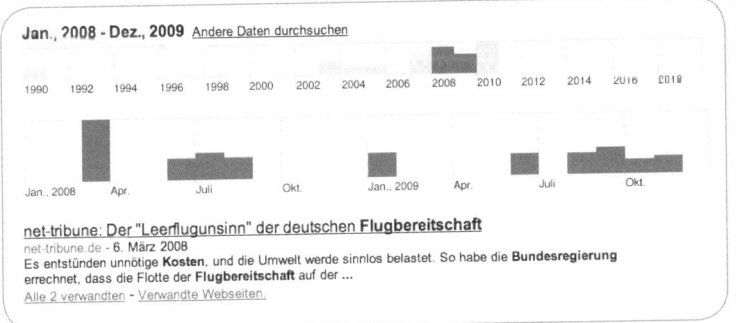

Klicken Sie auf 2007 und lesen Sie auf *Spiegel Online* über eine Rüge des Bundesrechnungshofs:

Rechnungshof-Rüge: Bund zahlt für Flugzeuge 400 Millionen Euro zu...
Spiegel Online - 2. Dez. 2007
Wie die "Bild am Sonntag" berichtet, werden die **Kosten** für die Flugzeuge mit 615 ... Außerdem lasse die **Bundesregierung** die Sitzplatzkapazität um etwa 70 ...
Alle 2 verwandten - Verwandte Webseiten.

Details in der URL versetzen Sie in die Lage, noch genauer nach dem Datum zu suchen. Geben Sie hinter einer Suchanfrage in Google den Link *&as_qdr=d123* ein, sehen Sie nur Dokumente, die 123 Tage alt oder jünger sind. Hier sehen Sie eine normale Suche nach *Fahrrad*:

http://www.google.de/search?q=Fahrrad

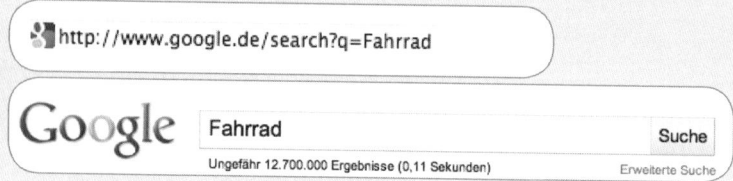

Fügen Sie direkt hinter *Fahrrad* den Code *&as_qdr=d123* ein:

http://www.google.de/search?q=Fahrrad&as_qdr=d123

Google fügt daraufhin unter dem Suchfeld die Angabe „Letzte 123 Tage" hinzu. Sie können natürlich auch einen größeren oder kleineren Zeitraum wählen.

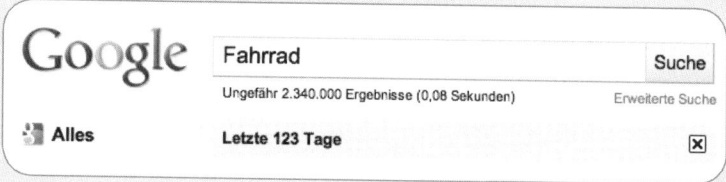

Der Site-Befehl

Salz mit abgelaufenem Haltbarkeitsdatum, ist das schlimm? Wird man davon krank? Dank des Google-Codes wissen Sie die Antwort sofort.

Wir sitzen beim Frühstück. Bei Tisch geht es um das Haltbarkeitsdatum von einem Paket Salz. „Das ist längst abgelaufen", sagen die Kinder, „ungesund. Weg damit!" Mutter bleibt gelassen: „Salz ist ein unvergängliches Produkt und ein Konservierungsmittel, das kann nicht schlecht werden." Woraufhin die Diskussion über das Haltbarkeitsdatum von Milch losgeht. Ist das das Datum, ab dem die Milch nicht mehr getrunken werden darf oder ist sie danach noch einige Tage gut? Mama sagt, dass man das von selbst merkt, weil die Milch nicht mehr schmeckt. Den Kindern ist das egal, Datum ist Datum. Wer hat Recht?

Einfach googeln:

Google	"maximales Haltbarkeitsdatum"	Suche
	Ungefähr 124 Ergebnisse (0,10 Sekunden)	Erweiterte Suche

Beim ersten Link geht es ums Auftauen und Wiedereinfrieren, der zweite führt zu einem Forum, bei dem die Verlässlichkeit der Informationen fraglich ist:

Darf man Aufgetautes wieder einfrieren? | aus Forum Kochen ...
Jedes Eingefrorene hat ein **maximales Haltbarkeitsdatum**. Wenn man es auftaut und dann wieder einfriert, so verkürzt sich diese Zeitspanne, zu dem Punkt das ...
www.wer-weiss-was.de/theme96/article4731005.html - Ähnliche

Maximales Haltbarkeitsdatum bei Lebensmitteln
6. März 2009 ... Talkteria: **Maximales Haltbarkeitsdatum** bei Lebensmitteln. **Maximales Haltbarkeitsdatum** bei Lebensmitteln. Forum: Essen & Trinken ...
www.talkteria.de/forum/topic-57682.html - Im Cache
Hochzeitsideen: Bedrucken von Lebensmitteln - 2 Beiträge - 7. Apr. 2009
Eigenartige SMS auf dem Handy - 4 Beiträge - 6. März 2009
Diät: Schlank im Schlaf werden - 4 Beiträge - 6. März 2009
Weitere Ergebnisse von talkteria.de »

Wechsel & FAQ - Willkommen bei Nutrience
Um die Frische von NUTRIENCE sicherzustellen, setzen wir ein **maximales Haltbarkeitsdatum** von 15 Monaten von der Herstellung an fest, welches auf jeder ...
www.nutrience.de/html/faq_k.html - Im Cache - Ähnliche

BZ-Messgerät - Rückgaberecht? [Archiv] - Heilpraktiker Foren ...
2. Juni 2010 ... b) Sobald man die Kassette mit der Teststreifenrolle in das Gerät einlegt, beginnt ein **maximales Haltbarkeitsdatum**, danach kann man die ...
www.heilpraktiker-foren.de/forum/archive/.../t-15686.html - Im Cache

Literaturstudie zum Vermehrungs- und Toxinbildungs- vermögen von ...
Maximales HaltbarkeitsDatum. MLD. Minimale Letale Dosis. NaCl. Natriumchlorid. NYG (-Medium). Neopeptone - Yeast extract - Glucose ...
deposit.ddb.de/cgi-bin/dokserv?idn=982890427&dok_var...

Ab dem dritten Ergebnis geht es um ganz andere Dinge: das Verfallsdatum von Katzenfutter, eines Messgeräts und die Haltbarkeit eines Akkus.

„Lasst uns was anders in Google eingeben, vielleicht funktioniert es dann besser", sagt eins der Kinder.

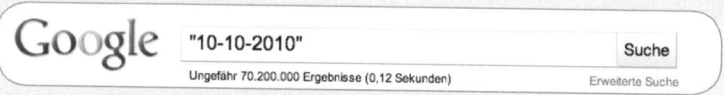

Google "10-10-2010" Suche
Ungefähr 70.200.000 Ergebnisse (0,12 Sekunden) Erweiterte Suche

Das ist aus zwei Gründen keine gute Suchaktion:

1. Ein Datum mit Strichen ist schon ein zusammenhängender Begriff und braucht keine Anführungszeichen.
2. Der Google-Code ist zu weit gegriffen. Sollte jemand in einem Artikel über das Mindesthaltbarkeitsdatum ausgerechnet dieses Datum wählen? Das ist unwahrscheinlich. Außerdem steht hinter dem Datum nichts, was mit „Haltbarkeit" zu tun hat.

Am Tisch erinnert sich jemand, dass es europäische Vorschriften für derlei Dinge gibt. Mal sehen:

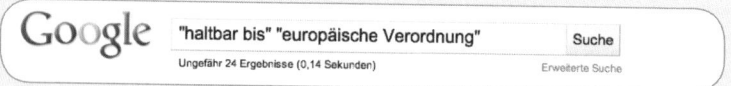

Google "haltbar bis" "europäische Verordnung" Suche
Ungefähr 24 Ergebnisse (0,14 Sekunden) Erweiterte Suche

Diese Suche ist ein halber Google-Code, sie schwebt zwischen Frage und Antwort. Mit „europäische Verordnung" spekulieren Sie auf ein Dokument, in dem europäische Verordnungen zusammengefasst sind. Darin sollte stehen, dass Nahrungsmittel „haltbar bis" sind. Das ist an sich keine schlechte Idee, aber Sie laufen Gefahr, dass die europäische Verordnung nicht genau so heißt. Vielleicht heißt es „europäische Gesetze" oder „Verordnungen in Europa". Welche Wörter wählen Sie? Der Google-Code greift hier augenscheinlich zu kurz. Folgen Sie daher Trick Nummer 4 aus dem Werkzeugkasten von Google, dem site:-Befehl. Denken Sie an das Dokument, das Sie suchen. Wer bestimmt über europäische Verordnungen? Die Europäische Union. Hat diese eine eigene Site? Ja, natürlich: www.europa.eu. Geben Sie diese Information in Google ein:

Google "haltbar bis" site:europa.eu Suche
Ungefähr 513 Ergebnisse (0,04 Sekunden) Erweiterte Suche

🔲 Alles
▼ Mehr

Das Web

[PDF] EUROPÄISCHE KOMMISSION
Dateiformat: PDF/Adobe Acrobat - Schnellansicht
MINDESTENS HALTBAR BIS: Getreideprodukt aus Reis und Weizenvollkorn, angereichert ...
„Mindestens haltbar bis…" Datum gibt an, wie lange ...
ec.europa.eu/food/food/.../leafletDE7_12112007_web.pdf - Ähnliche

Mit dem site:-Befehl weisen Sie Google an, nur nach Informationen der EU zu suchen. Dadurch müssen Sie nicht mehr so genau vorhersehen, wie europäische Beamte ihre eigenen Vorschriften nennen. Wenn Sie nur die offizielle Europa-Site durchsuchen, reicht **„haltbar bis"** aus. Mit **„haltbar bis" site:europa.eu** erzielen Sie daher durchweg relevante Ergebnisse. Der erste Treffer bringt bereits Klarheit in die Sache:

Dank des Google-Codes erleben Sie ein echtes Google-Wow.

Seltsam, aber wahr ist, dass diese Information an der Quelle selbst (auf der EU-Site) nicht so leicht zu finden ist. Hier werden alle Dokumente als zutreffend betrachtet:

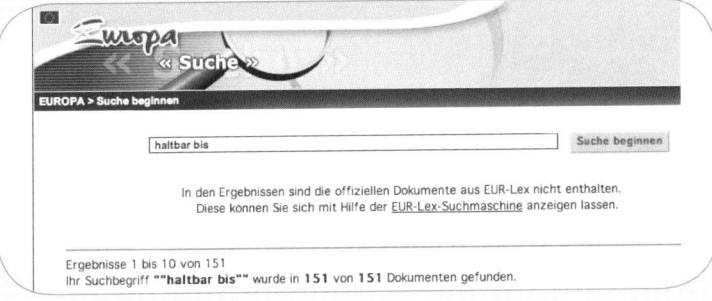

Die verlinkte EUR-Lex-Suchmaschine findet hingegen kein einziges Dokument. Das passiert leider häufig. Google sieht meistens mehr von einer Site als die Site selbst. Eine bessere Suchmöglichkeit auf Websites haben Sie dadurch, dass Sie in Google hinter dem Suchbegriff den Namen der Site eingeben, z.B. **site:adfc. de**. Zurück zu einer anderen, noch unbeantworteten Frage aus diesem Buch. Ich wollte mehr über „Boogie's Extreme" erfahren, eine Tourenfahrt. Ich möchte den Google-Code nicht anwenden, da ich zufällig schon weiß, wo ich etwas finden kann, nämlich auf www.quaeldich.de:

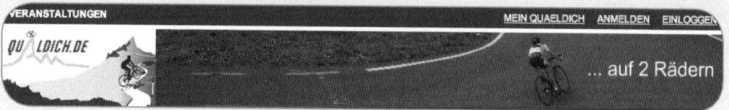

Ich gehe direkt zur Suchfunktion von quaeldich.de und gebe ein:

Hm, es ist überhaupt nichts zu finden. In solchen Momenten lohnt es sich, es doch mit Google zu probieren:

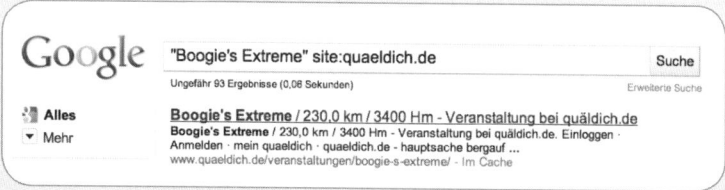

Jetzt sehen Sie plötzlich, dass sich das Dokument durchaus auf www.quaeldich. de befindet. Google hat es problemlos gefunden, die Site selbst jedoch nicht. Detailliertere Infos erhalten Sie, indem Sie dem Link zur Tour folgen.

Landal Kasteeldomein De Cauberg | Valkenburg aan de Geul

Google findet 93 Ergebnisse:

> Ungefähr 93 Ergebnisse (0,06 Sekunden)

Lassen Sie sich nicht entmutigen, wenn Sie eine Quelle kennen, die Suchfunktion der Site verwenden und kein Resultat erhalten. Mit Google und dem site:- Befehl bekommen Sie eine zweite Chance.

Auch wenn es seltener vorkommt, sollten Sie doch im Hinterkopf behalten, dass Google mitunter nicht sieht, was eine Site zu bieten hat. Beispielsweise möchte ich wissen, wie viele Schwimmbäder es in Bergisch Gladbach gibt. Ich weiß, dass es zwei oder mehr sind, kenne die Namen aber nicht. Mein erster Versuch:

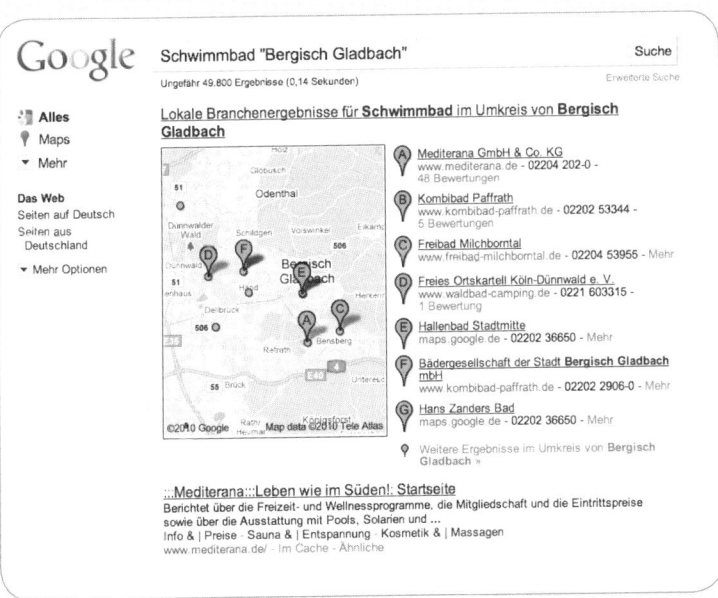

Bergisch Gladbach steht in Anführungszeichen, weil es ein zusammenhängender Begriff ist.

Google wechselt unverzüglich zu den lokalen Ergebnissen für Bergisch Gladbach und allen möglichen Firmen, die in ihrer Beschreibung etwas mit Schwimmbädern zu tun haben. Es wird eine lange Liste nicht allzu guter Antworten angezeigt. Viele Antworten drehen sich um immer dieselben Schwimmbäder. Allerdings findet sich auch ein Immobilienmakler, der ein Haus mit Schwimmbad im Sortiment hat. Ebenso kann eine Wohnung gemietet werden, die Zugang zu einem Gemein-schaftsschwimmbad hat. Auch ein Schwimmbad aus Köln hat es in die Antwort-liste geschafft, weil es sich in der Bergisch-Gladbacher-Straße befindet. In einem Anzeigenmagazin wird ein Appartement mit Schwimmbad in Bredene angebo-ten, wobei irgendwo auf der Seite auch Bergisch Gladbach auftaucht.

Die folgende Quelle nrw-live.de findet nur ein einziges Bad, wobei der Eintrag allerdings mit einem kleinen Bild versehen ist:

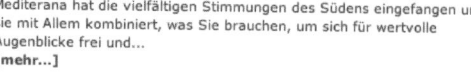

Schauen wir, was die Stadt Bergisch Gladbach selbst dazu sagt:

Das erste Suchergebnis führt zur Übersicht auf www.bergischgladbach.de mit den städtischen Bädern.

Das in der ersten Suche meistgenannte Bad bleibt hier außen vor, da es sich nicht um ein städtisches, sondern um ein privates Wellnessbad handelt, das damit nicht der städtischen Bädergesellschaft untersteht. Ein ehemaliges Freibad wird zwar mit Telefonnummer erwähnt, einen Link jedoch sucht man vergeblich.

Zusammenfassung:
Wenn Sie das Gesuchte nicht mit der Suchfunktion der jeweiligen Site finden können, probieren Sie es auf Google mit der zusätzlichen Angabe **site:(name der site)**.
Finden Sie in Google nichts, probieren Sie es über die Suchfunnktion der Site selbst.

Zuverlässigkeit verbessern

Der site:-Befehl hilft Ihnen auch, zuverlässigere Antworten zu finden. Angenommen, Sie fragen sich, wer das Funkgerät erfunden hat. Wenden Sie den Google-Code an. Wie würden Sie darüber schreiben? Welchen Satzteil finden Sie logischer? Ist es:

a. „Der Erfinder des Funkgeräts ist"
b. „(name), der Erfinder des Funkgeräts"
c. „Die Erfindung des Funkgeräts wurde von"

Antwort a geht davon aus, dass der Autor betont, wer der Erfinder ist. Der Erfinder des Funkgeräts ist ... (Trommelwirbel)? *Hier kommt dann endlich der Name, liebe Leute?* Natürlich kann es sein, dass der Autor nachdrücklich mitteilen wollte, wer der Erfinder ist, aber üblich ist das nicht.

Antwort c ist Wunschdenken. Würden Sie das wirklich so schreiben? Ich glaube nicht. Viel wahrscheinlicher ist b, wo zuerst der Name des Erfinders genannt wird und dann die Feststellung folgt, dass er der Erfinder ist. Sie sehen solche nachgestellten Erklärungen oft: „Nobel, geboren am" oder „Einstein, geboren in".

Das Problem bei derartigen Suchen ist, dass Sie den Namen nicht kennen. Was schreiben Sie anstelle des Namens, den Sie nicht kennen? Fügen Sie in diesem Fall ein Sternchen (*) ein. Sie können das Sternchen immer dann einsetzen, wenn Sie nicht wissen, welches Wort fehlt. Es kann sogar mitten im Satz stehen, wenn Sie beispielsweise wissen wollen, wie viele Kinder Putin hat? Google akzeptiert das Sternchen als Platzhalter. Daher schreiben Sie:

„Putin has * children"

Wir geben mit der Satzkonstruktion die Information vor, dass jemand, z.B. John Beat, Erfinder des Funkgeräts ist. Ersetzen Sie den Vor- und Nachnamen je durch ein Sternchen.

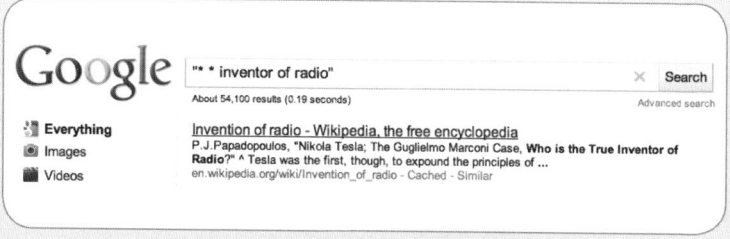

Da die Suchanfrage auf Englisch ist, verwenden wir Google.com.

Auf Platz 1 steht ein Eintrag, der darauf hindeutet, dass der wahre Erfinder des Funkgeräts gesucht wird. Weiter unten ist von Marconi, aber auch von weiteren Namen die Rede. Wem soll man glauben? Versuchen Sie, das Ergebnis mit dem site:-Befehl zu verfeinern. Amerikanische Universitäten haben alle einen Domainnamen, der auf <u>edu</u> (= educational) endet. Google sucht auf Wunsch nur bei amerikanischen Universitäten:

Typischer Google-Code, die zwei Sternchen ersetzen den ersten und zweiten Teil eines möglichen Namens. Die Anführungszeichen sorgen dafür, dass alles beieinander bleibt und Google nicht nach einzelnen Begriffen sucht. site:edu hilft, zuverlässige Ergebnisse zu finden, da Sie nur bei Universitäten (USA) suchen. Hiermit sind alle Tipps in diesem Kapitel zusammengefasst.

Hier sehen Sie die Verweise amerikanischer Universitäten zu deutscher Literatur:

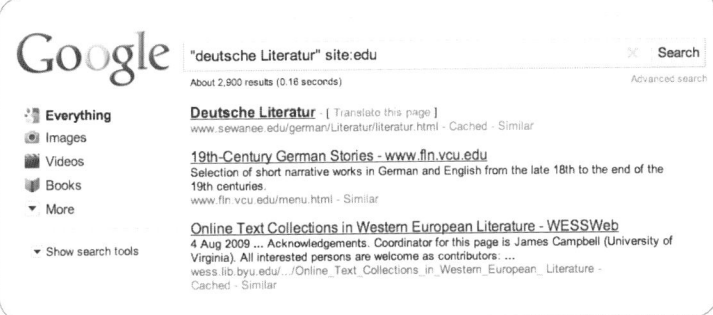

Ganze Domaingruppen einzubeziehen kann praktisch sein, wenn Sie auf der Suche nach Museen, Luftfahrtinformationen, militärischen Dingen oder internationalen Gesetzen sind. Im Web ist vereinbart, dass .museum nur von echten Museen verwendet werden darf, .aero der Ort für die Luftfahrtindustrie ist, .mil für das amerikanische Militär reserviert ist und .int für internationale Verträge. Wenn Sie nach internationalen Statistiken suchen, ist vor allem .int sehr gut. Angenommen, Sie suchen Statistiken über Impfungen in Deutschland. Geben Sie Folgendes ein:

Deutschland Impfungen site:int   Suche

Sie erhalten (Sept. 2010) dieses Ergebnis auf Platz 1, einen Bericht der WHO:

Tagungsbericht
WHO-Regionalbüro für Europa und Robert

Koch-Institut Berlin, Deutschland

Es ist mühsam, alle Domainfilter auswendig zu lernen. Daher finden Sie hier keine Liste. Ich finde **site:edu** und **site:int** mit Abstand am praktischsten, da in diesen Domains Millionen Sites existieren. Von **.tel** oder **.travel** beispielsweise gibt es viel weniger.

TLD	Bedeutung	Anspruchsberechtigung	Sponsor
		Existierende gesponserte Domains	
.aero	aeronautics	für in der Luftfahrt tätige Organisationen	Société Internationale de Télécommunications Aéronautiques
.asia	asia	für Personen und Unternehmen die sich innerhalb der ICANN-Region Asien/Australien/Pazifik[4] befinden (seit Oktober 2007 für jeden zugänglich)	
.cat	catalan	für die katalanische Sprache und Kultur	Fundació puntCAT
.coop	cooperatives	für Gesellschaften	Dot Cooperation LLC
.edu	educational	nur für Bildungseinrichtungen, die vom Bildungsministerium der Vereinigten Staaten als „*post-secondary*" akkreditiert sind; die einzige Ausnahme bildet die EURAC, Bozen.	
.gov	government	nur Regierungsorgane der USA	
.int	international	für multinationale Organisationen	IANA
.jobs	jobs	nur für Unternehmen mit Stellenangeboten	
.mil	military	nur für militärische Einrichtungen der USA	
.mobi	mobile	zur Kenntlichmachung von Diensten, die die Nutzung durch mobile Endgeräte explizit unterstützen	mTLD Top Level Domain Limited[5]
.museum	museums	für Museen	Museum Domain Management Association
.tel	telephone	zum vereinfachten Anrufen von Unternehmen und Personen	
.travel	travel	für die Reise-Industrie (beispielsweise Reisebüros, Fluggesellschaften etc.)	
.xxx	sex	für erotische und sexuelle Inhalte	ICM Registry, Inc
		Ausstehende gesponserte Domains	
.post	postal	für Post und Logistikunternehmen	Weltpostverein

Der site:-Befehl spielt im Google-Code auch eine wichtige Rolle, wenn Sie etwas *nicht* sehen möchten. Angenommen, Sie möchten etwas über eine Firma wissen, aber nicht von der Firma selbst. Ich möchte etwas über Google lesen, aber die Quelle darf keine Website von Google selbst sein. Folgende Anfrage funktioniert nicht:

Google   google -google   Suche

Erweiterte Suche

Ich erhalte null Ergebnisse, da **google -google** dasselbe ist, als würde ich gar nichts eintragen. Also starte ich einen zweiten Versuch:

Jetzt werden alle Ergebnisse entfernt, die von www.google.com stammen. Dadurch bleibt www.google.de jedoch immer noch dabei. Weil ich aber alle Google-Sites loswerden möchte, ersetze ich „com" durch ein Sternchen:

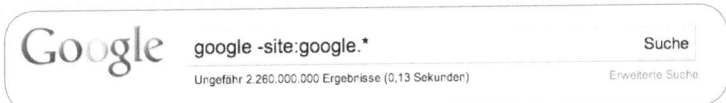

Das sieht auf den ersten Blick ganz gut aus. In den ersten vier Ergebnissen stehen (wenn man von googleblog absieht) keine Links zu Google selbst:

Leider geht im weiteren Verlauf der Liste noch mehr schief:

Google Custom Search | Information Technology
Services - [Diese Seite übersetzen]
21 May 2010 ... Visit the **Google** Custom Search information page for instructions on how to change search boxes on your web sites. ...
google.stanford.edu/ - Im Cache - Ähnliche

Das kommt daher, dass einige ausländische Domainnamen von Google eine zweiteilige Endung haben, z.B. co.uk oder co.nz. Unser site:-Befehl muss also erweitert werden:

Erst jetzt ist die Ergebnisliste „sauber". Diesen kompliziert aussehenden Befehl müssen Sie nicht auswendig lernen. Er entsteht von selbst, wenn Sie die Ergebnisliste im Auge behalten und wegstreichen, was Ihnen nicht gefällt.

Der Google-Code und der site:-Befehl

Angenommen, Sie haben Probleme mit dem Kabelbetreiber Unitymedia (die ich dauernd habe) und suchen Mitstreiter. Das funktioniert so nicht:

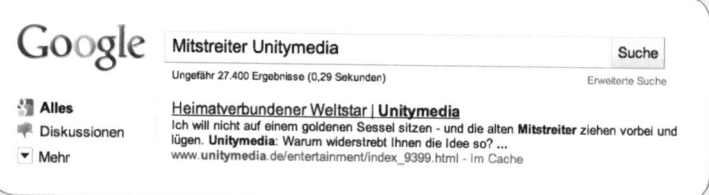

Bei der Suche *Mitstreiter Unitymedia* gehen Sie davon aus, dass Mitstreiter sich selbst Mitstreiter nennen, was natürlich nicht immer so ist. In jedem Fall sehen Sie am ersten Ergebnis, dass Sie an der falschen Stelle landen, nämlich beim Unitymedia-Portal. Versuchen Sie wie ein Autor zu denken. Welches Wort steht so gut wie immer in Äußerungen klagender Kunden? Das Wörtchen *ich*. Worum geht es? Um *Unitymedia*. Welche Site möchten Sie ausschließen? *Unitymedia*. Schreiben Sie also **-site:unitymedia.de**. Der Google-Code, bitte immer so schlicht wie möglich, lautet diesmal:

Google   ich Unitymedia -site:unitymedia.de   Suche

Ungefähr 193.000 Ergebnisse (0,16 Sekunden)   Erweiterte Suche

Betrachten Sie nun die Ergebnisliste, sehen Sie das *Unitymediaforum* und Berichte von allerlei Personen, die über die Serviceleistung klagen.

Kann **ich Unitymedia** downgraden von 20000 auf 16000 - DIGITAL ...
6 Beiträge - 3 Autoren - Letzter Eintrag: 25. Aug.
Hi, **Unitymedia** hat ja die Tarifstruktur geändert. Also sprich 16000 Leitung + Telefonflat für
20€ monatlich. Ich habe letztes Jahr das 20000 ...
forum.digitalfernsehen.de/.../246595-kann-ich-**unitymedia**-downgraden-von- 20000-auf-16000-
a.html - Im Cache

    Sky via **Unity Media** Smartcard oder umgekehrt?! - DIGITAL FERNSEHEN ...
    Wird 2010 ein HDTV-**Unitymedia**-Jahr??? - Seite 140 - DIGITAL ...
    Unitymedia-Karte im TV verwenden - DIGITAL FERNSEHEN - Forum
    Das Erste HD - ab jetzt bei **Unity Media** - Seite 4 - DIGITAL ...
    Weitere Ergebnisse von forum.digitalfernsehen.de »

Kann **ich unitymedia** nach smartcard aktivierung kündigen???? (kabel)
5. Mai 2010 ... Hallo! Ich habe mir über meinen Kabelanschluss ... Naja ich sag
mal 2 Monate sind schon sehr kulant denke ich,muss aber auch dazu ...
www.gutefrage.net/.../kann-ich-**unitymedia**-nach-smartcard-aktivierung- kuendigen - Im Cache

    Wie erreiche **ich Unitymedia** ohne 0180er Nummer wählen zu müssen ...
    wenn **ich unitymedia** 3play hab,muss ich dann noch die gebühren für ...
    Muss **ich Unitymedia** ins Haus lassen, wenn ich kein Kunde bin ...
    Die reale Telefonnummer von **Unitymedia**? (Kabel)
    Weitere Ergebnisse von gutefrage.net »

Soll **ich unitymedia**-Kunde werden? • Inoffizielles **Unitymedia**-Forum
5 Beiträge - 4 Autoren - Letzter Eintrag: 22. Aug. 2009
Könnt Ihr mir sagen, ob ich mit **unitymedia** da eine echte Alternative habe? Ist das schlimm
mit vielen Störungen und schlechtem Service oder ...
www.**unitymedia**forum.de/viewtopic.php?f=10&t=8966 - Im Cache

    Eure Erfahrung ist gefragt • Inoffizielles **Unitymedia**-Forum - 17. Aug. 2010
    Kündigung - "Ihre Kabelversorgung ändert sich" • Inoffizielles ... - 6. Juli 2010
    SERVUS TV HD ... neue Hardware nötig ? Hotline-Frust ... - 21. Juni 2010
    Kann ich mit dem Sony RDR-AT 105 problemlos aufnehmen ... - 1. Juni 2010
    Weitere Ergebnisse von unitymediaforum.de »

Unitymedia - Testberichte und Meinungen
29. Juni 2010 ... **Unitymedia** - Internet Service Provider mit Testberichten bei dooyoo.de -
Tests und Meinungen über Internet Service Provider.
www.dooyoo.de › ... › Internet Service Provider - Im Cache - Ähnliche

Ausgangssprachen

Sie haben versehentlich zu lange an einem Whiteboard Marker gerochen, einem Stift für abwaschbare Tafeln. Ihnen ist schwindlig und Sie versuchen über Google zu erfahren, welches chemische Zeug in dem Marker enthalten ist:

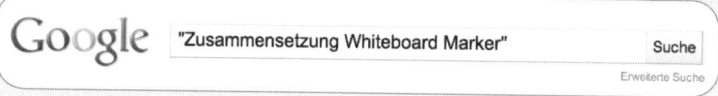

Sieht gut aus. Mit einem kurzen Ausdruck in Anführungszeichen legen Sie die Reihenfolge der Wörter selbst fest. Und trotzdem finden Sie nichts:

⚠ Keine Ergebnisse für **"Zusammensetzung Whiteboard Marker"** gefunden.

Denken Sie noch einmal scharf nach. Wie würden Sie schreiben, welche Bestandteile ein Whiteboard Marker hat? Würden Sie einen Satz mit „Zusammensetzung Whiteboard Marker" formulieren? Vielleicht denken Sie an eine Überschrift. Aber meistens steht in einem Artikel zuerst das Hauptthema (Whiteboard Marker) und dann etwas später die Einzelinformation, nach der Sie suchen, also „Zusammensetzung", nicht „Zusammensetzung Whiteboard Marker". Starten wir einen weiteren Versuch:

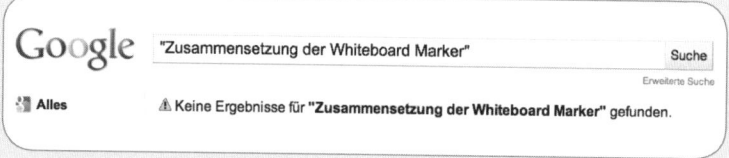

Auch das funktioniert nicht. Nirgends im Blickfeld von Google gibt es einen Satz mit „Zusammensetzung der Whiteboard Marker".
Ich falle auf mein altes Suchmuster zurück und gebe einzelne Begriffe ein:

Google   Zusammensetzung Whiteboard Marker   Suche
          Ungefähr 236 Ergebnisse (0,13 Sekunden)   Erweiterte Suche

Die besondere Zusammensetzung der Tinte ermöglicht es, glatte Oberflächen
zu beschriften. Prima, aber welche Zusammensetzung ist das?

Im Englischen ist "whiteboard" (genau wie "blackboard") normalerweise ein Wort. Keine Ahnung, warum es in
der Zusammensetzung mit "Marker" dann auf einmal mit Leerzeichen geschrieben wird. Vielleicht um es besonders Englisch aussehen zu lassen? Und damit extra falsch? Scheint mir keine gute Idee.

Das ist nicht die gesuchte Antwort. Also zurück zu den Anführungszeichen:

Leider wieder nichts, noch ein Versuch:

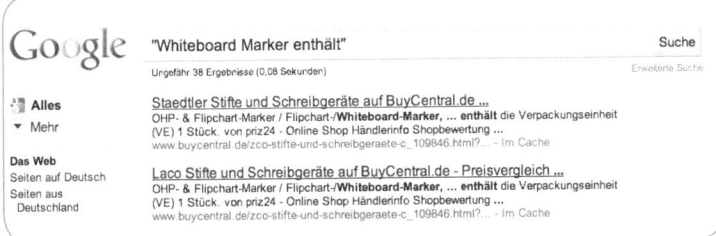

Die Einträge stammen ausnahmslos aus dem Bürofachhandel und sind damit leider auch nicht brauchbar. Es scheint, als wäre das heute nicht Ihr Tag. Die vorstehenden Versuche folgen der Anleitung, aber Sie machen einen Denkfehler. Warum beschränken Sie sich auf Deutsch? Ist der Whiteboard Marker eine typisch deutsche Angelegenheit? Sie schränken Ihre Sicht auf Ergebnisse ein, wenn Sie weiter auf Deutsch suchen. Wenn ich nach „Erfindung" suche, finde ich (Stand Sept. 2010) in Google Deutschland 2,67 Millionen Treffer:

> Ungefähr 2.670.000 Ergebnisse (0,08 Sekunden)

Hätte ich auf Englisch gesucht, hätte ich fast zehnmal so viele Möglichkeiten zur Auswahl. Und das kommt Ihnen beim Einsatz des Google-Codes zustatten:

> Ungefähr 26.200.000 Ergebnisse (0,11 Sekunden)

Suchen Sie einen Ballon, haben Sie in Deutschland gut 11 Millionen Quellen:

> Ungefähr 11.200.000 Ergebnisse (0,10 Sekunden)

Auf Englisch erreichen Sie mit 31 Millionen gut das Zweieinhalbfache:

> Ungefähr 31.000.000 Ergebnisse (0,14 Sekunden)

18,4 Millionen Treffer zeigt Google für „Temperatur":

> Ungefähr 18.400.000 Ergebnisse (0,16 Sekunden)

Im Englischen erhalten Sie gut neunmal so viele Quellen:

> Ungefähr 170.000.000 Ergebnisse (0,12 Sekunden)

Kurz gesagt, es lohnt sich, in der Ausgangssprache zu suchen. Damit meine ich die Sprache, in der Sie die größte Chance, haben eine gute Quelle zu finden? Aber wie kommen Sie an eine vernünftige Übersetzung? Google Translate, das Sie unter translate.google.de finden, ist ein guter Anfang. Auf der Startseite wählen Sie Ihre eigene Sprache und lassen sich Ihre Suchanfrage übersetzen:

Geben Sie die Übersetzung anschließend in Google ein:

Wieder nichts. Aber ich kann noch einen Ausdruck übersetzen.

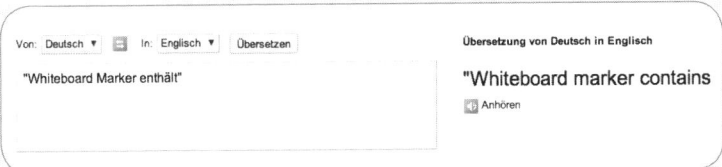

Dieser liefert drei Ergebnisse von zwei Sites. Was passiert, wenn ich den Plural verwende? In diesem Fall nicht viel, also löse ich die Gruppierung in „whiteboard markers" und „contain" auf. Aber auch das ist nicht von Erfolg gekrönt. Bei genauerer Überlegung fällt mir auf, dass es ja gar nicht um den Marker, sondern vielmehr um dessen Tinte geht:

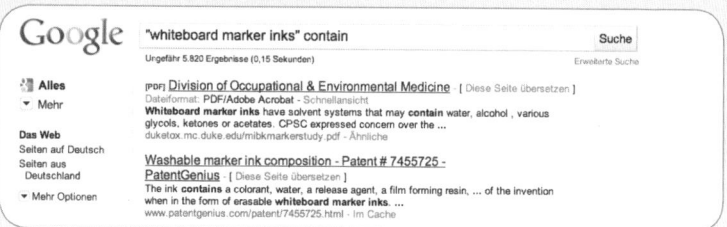

Sie sehen, dass diese Suche Treffer ergibt, die tatsächlich die Inhaltsstoffe behandeln. Im Normalfall ist bereits die Verwendung des Plurals günstig. Wenn Sie darüber nachdenken, wundert das nicht. „Whiteboard Marker enthalten" ist ein Ausdruck, der allgemeiner auf Stifte dieser Art Bezugnimmt und nicht auf ein bestimmtes Produkt. Kein Wunder, dass Sie im Plural ein wissenschaftlicheres Ergebnis bekommen. Im Allgemeinen lohnt es sich also, bei der Deklaration von Inhaltsstoffen oder der Erklärung diverser Begriffe zuerst den Plural zu wählen. Sind die Quelle jedoch zuverlässig? Führen Sie den Kontrolltrick aus, indem Sie „whiteboard marker" und einige der Stoffe eingeben, z.B. alcohol, glycol und ketone.

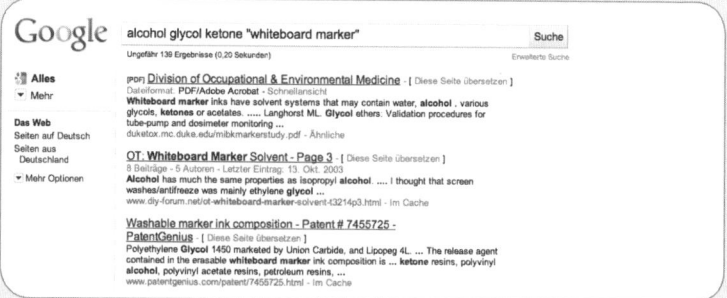

Das erste Ergebnis erscheint glaubwürdig, da es von einer Universität (edu) stammt. Das dritte führt zu einer Datenbank mit Patenten. Indem Sie den Google-Code stringent anwenden, finden Sie automatisch Quellen, die zuverlässig scheinen. Alternativ können Sie auch folgende Suche durchführen (sie führt zur selben Uni):

Der Google-Code und Ausgangssprachen

Am Anfang dieses Buchs haben wir eine detaillierte Karte der ehemaligen DDR gesucht. Ein grobe Übersichtskarte des ehemaligen Staates reicht uns dabei nicht. Wie gehen wir vor? Das scheint eine sehr einfache Frage zu sein, aber es scheint eben nur so.

Was tun wir zuerst? Gehen wir zu Google Maps, weil dort alle Karten der Welt zu finden sind? Google Maps enthält Karten von existierenden Ländern, die DDR gibt es aber seit Jahren nicht mehr. Trotzdem liefert die Suche ein Ergebnis:

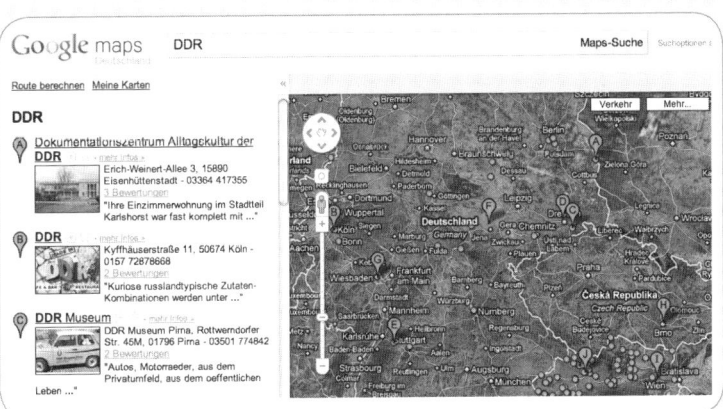

Google sucht in Maps nach Firmen oder Institutionen, die *DDR* im Namen haben. Wir werden auf ein Dokumentationszentrum über die DDR und Museen verwiesen.

Leider scheinen diese Sites keine Suchfunktion zu haben, und auch Google findet keine Karten. Bei der Betrachtung der Karte in Google Maps fällt auf, dass sich in Österreich die Markierungen häufen. Diese Treffer haben jedoch keinen Bezug zur ehemaligen DDR, es handelt sich vielmehr um Ärzte mit doppeltem Doktortitel.

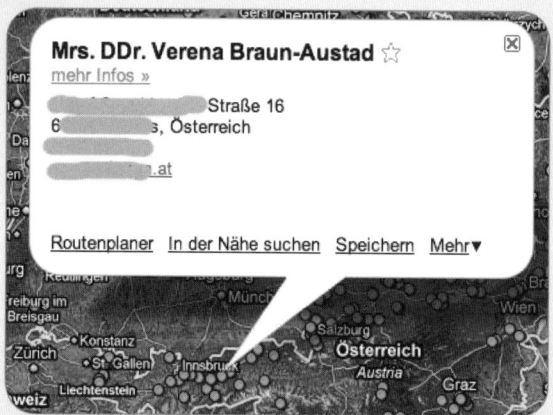

Sollen wir einfach zu Wikipedia gehen?

Wie zu erwarten war, findet sich dort ein ausführlicher Artikel zur DDR:

Auf dem rechten Teil der Seite finden Sie eine sehr grobe Übersichtskarte, die die Lage der ehemaligen DDR in Europa bzw. auf der Welt veranschaulicht:

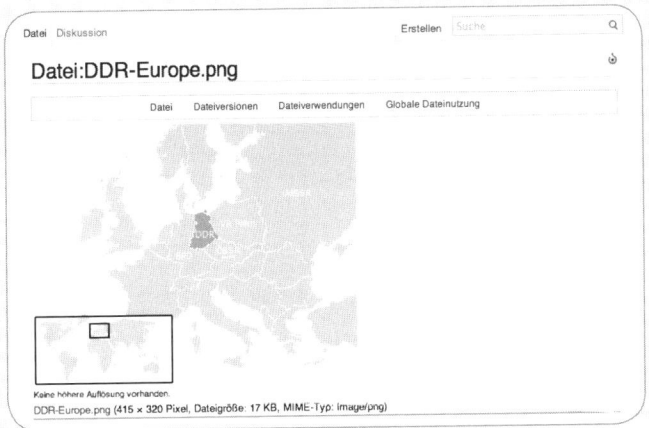

Darunter sehen Sie schließlich eine Karte der ehemaligen DDR:

Leider stehen auf dieser Karte überhaupt keine Ortsnamen. Also ist ein weiterer Versuch fällig. Sie suchen eine detaillierte Karte der ehemaligen DDR auf Google Bilder. Gehen Sie zu http://images.google.de und geben Sie Folgendes ein:

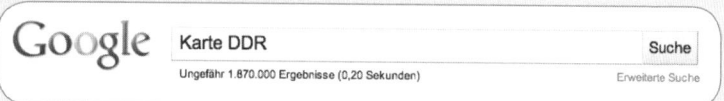

Auf den ersten Blick scheint das eine logische Suche zu sein. Doch sie führt nicht zu einer detaillierten Karte der DDR. Warum nicht?

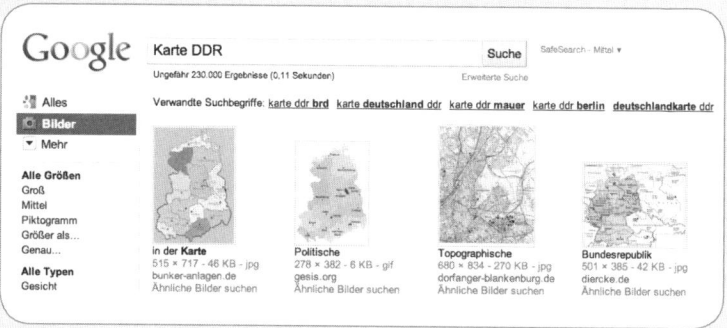

Schauen Sie genau hin. Die Karten sind sehr klein (6 bis 270 KB) und daher nicht detailliert. Aber das lässt sich doch leicht beheben, oder? Google Bilder ermöglicht es, die Größe auszuwählen. Je größer, desto detaillierter sollte die Karte sein. Das ist auch Google-Code: Schauen Sie, ob die Art der Datei etwas über den Inhalt sagt. Welches Format wählen Sie unter der Voraussetzung, dass eine Datei umso mehr Informationen und eine detaillierte Karte enthät, je größer sie ist?

Alle Größen
Groß
Mittel
Piktogramm
Größer als...
Genau...

Genau: groß.

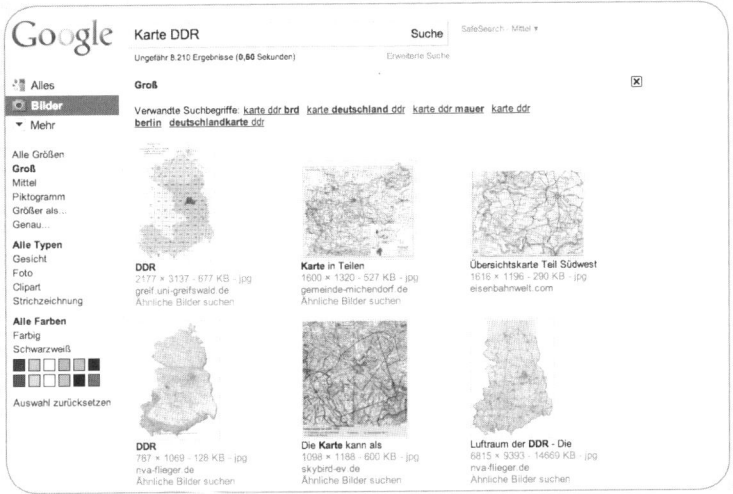

Das sieht schon besser aus. Die erste Karte ist zu simpel. Die zweite sieht, was die Detaillierung angeht, prima aus:

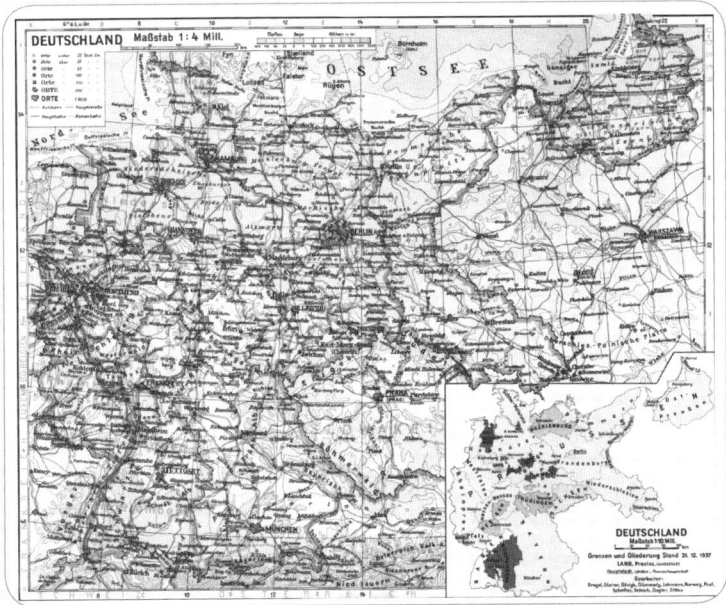

Betrachten Sie aber die Legende dieser Karte genauer:

Die Karte ist auf dem Stand von 1937! Google Bilder liegt voll daneben.

 Auch bei unbrauchbaren Ergebnissen können Sie den Google-Code anwenden. Betrachten Sie die Legende der Karte. Welche Wörter kommen vielleicht auf jeder Deutschlandkarte aus dieser Zeit vor? Sie sehen, dass das Wort *Karte* nicht auf der Karte steht, da der Hersteller keine Notwendigkeit sah, anzugeben: „Diese Karte ist eine Karte." Trotzdem haben Sie danach gesucht ...

Immer häufiger kann Google auch die Texte auf Abbildungen lesen. Welcher Text steht auf vielleicht jeder Karte der ehemaligen DDR? In jedem Fall gehört *Deutschland* in die Suche. Der *Maßstab* ist auch wichtig. Holen Sie kurz eine detaillierte Karte aus Ihrem Handschuhfach, sodass Sie wissen, welchen Maßstab Sie angeben müssen. Ich nehme z.B. *1:60000*. Zum Schluss müssen Sie eine passende Jahreszahl eingeben. In welchen Jahren gab es die DDR? Sie wissen, dass dieser Staat nach dem Zweiten Weltkrieg entstand, mehr aber nicht. Macht nichts, suchen Sie einfach kurz danach:

Offiziell existierte die aus der sowjetischen Besatzungszone (SBZ) hervorgegangene DDR von ihrer Gründung im Jahr 1949 bis 1990. Die Grenzen zwischen Ost und West wurden jedoch schon 1989 geöffnet. Wählen Sie also eine Jahreszahl zwischen 1949 und 1989, z.B. 1965.

Sie haben also ein Detail vorhergesagt, um das Ganze zu finden. Auch das ist Google-Code. Jetzt noch schnell suchen, und weiter unten in der Ergebnisliste finden Sie eine große, detaillierte Karte der ehemaligen DDR.

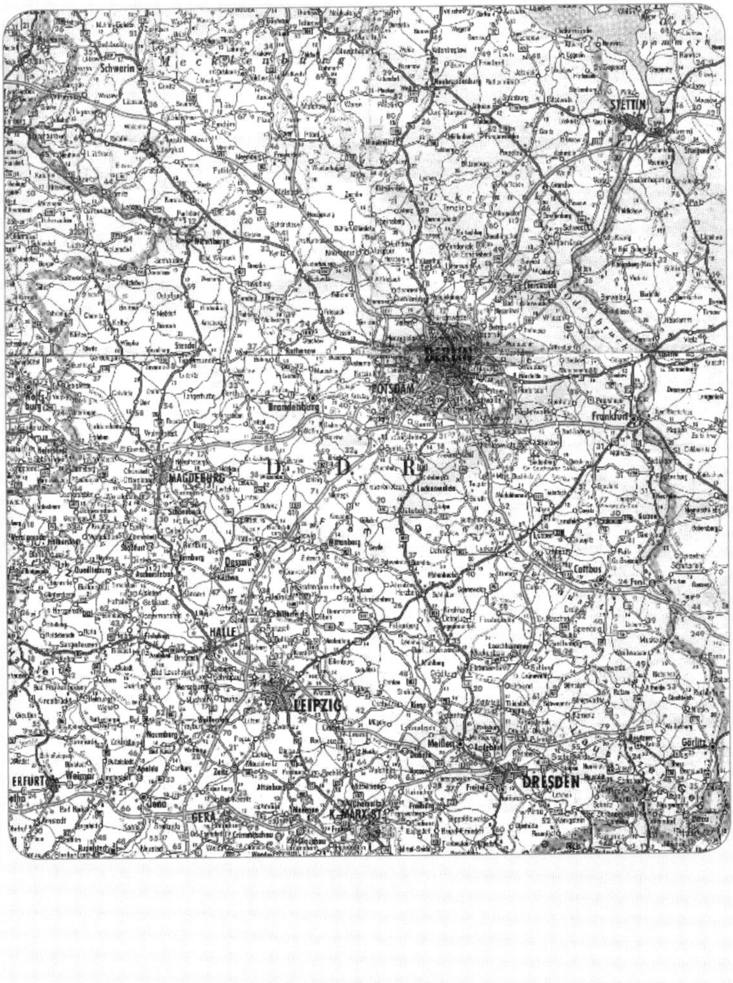

Eine Vorstellung von dem Dokument entwickeln

Dieses Teil aus dem Werkzeugkasten für den Google-Code hilft Ihnen, die Form der gesuchten Information einzuschätzen. Welches Dateiformat hat die Antwort? In welchem Verzeichnis steht die gesuchte Information auf einer Website? Was steht über dem gesuchten Dokument? Das sind alles äußere Merkmale, auf die Sie im Normalfall nicht achten. Der Google-Code funktioniert nicht, ohne dass Sie sich das Dokument vorstellen.

a. Welcher Dateityp?

Mediathek-Fachfrau Ina sucht im Internet Informationen darüber, wie Bürger über die Europäische Union denken. Sie kennt den Google-Code und kommt auf folgende Idee: Menschen denken negativ, neutral oder positiv über etwas. Was wäre, wenn ich jetzt diese möglichen Meinungen in Google eingebe?

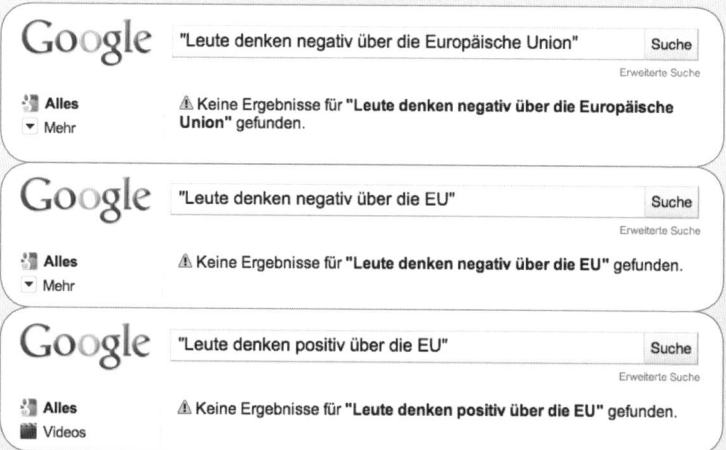

Der Google-Code funktioniert nicht. Warum nicht?

Versuchen Sie den Google-Code so kurz wie möglich zu halten. Sie machen sich an die Vorhersage der Antwort. Welche Begriffe müssen unbedingt enthalten sein und welche nicht? Mögliche Suchbegriffe sind: *EU* oder *Europäische Union*, wie Leute *denken* oder was ihre *Meinung* ist. Letztere kann *positiv*, *negativ* oder

neutral sein (bzw. *egal*). Was Sie auch wählen, „Leute" ist für den Google-Code nicht so wichtig, da so viele andere Ausdrücke möglich sind:

„Bevölkerung denkt positiv über die EU"

„40 Prozent denken positiv über die EU"

„die Mehrheit denkt positiv über die EU"

„die Einwohner von ... denken positiv über die EU"

Die Suche „Leute denken positiv über die EU" missglückt, weil niemand im Web einen Satz geschrieben hat, der genau so lautet.

Suchen Sie ohne Schnörkel. Der Google-Code ist per Definition kurz, höchstens vier bis fünf Wörter pro Ausdruck.

Lassen Sie „Leute denken" weg und nehmen Sie nur „positiv über die EU".

Was passiert? Anstelle von keinem Ergebnis sind es jetzt 90.400.

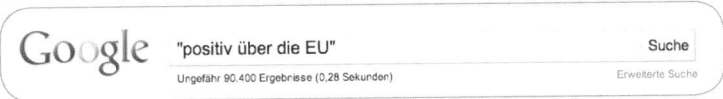

Google "positiv über die EU"   Suche

Ungefähr 90.400 Ergebnisse (0,28 Sekunden)   Erweiterte Suche

Das sind allerdings nicht nur Statistiken. In einem Artikel auf diepresse.com steht:

Island in der EU: Kostet's nichts, so schadet's nichts « DiePresse.com
4. Febr. 2009 ... Natürlich kommt man, wenn man diese Lügen aufdeckt, in die Lage nur mehr **positiv über die EU** zu reden, auch wenn man genau weiß, ...
diepresse.com/home/politik/.../index.do - Österreich - Im Cache - Ähnliche

Das Dokument ist aus dem Jahr 2009, aber keine offizielle Studie. Hier ist es wieder an der Zeit, sich das Dokument vorzustellen. Wenn Sie eine Studie suchen und keinen Weblog oder Zeitungsartikel, wie geben Sie das an? Mit dem Befehl **filetype:**. Damit suchen Sie nur nach bestimmten Dokumenttypen. Hier sind die wichtigsten:

- **filetype:pdf** – Sie suchen nach dem Portable Document Format von Adobe. Dieses Format ist bei Referenten und Behörden beliebt, weil Form und Inhalt nicht ohne weiteres verändert werden können

- **filetype:doc** – Sie suchen nach Microsoft Word-Dokumenten. Fast jeder Anwender schreibt hin und wieder etwas in Word.

- **filetype:xls** – Sie suchen nach Dateien des Kalkulationsprogramms Excel. In der Regel kommen Sie damit bei der Suche nach Finanzdaten zurecht.

- **filetype:ppt** – Sie suchen nach Microsoft PowerPoint-Dateien. Das sind Präsentationen von Referenten, meist Spezialisten, die viel über ein Thema wissen.

Die Frage von Ina war, wie die Meinung über die EU in Deutschland ist. Am liebsten fänden wir eine Studie. Welcher Dokumenttyp eignet sich am besten für Inas Frage? Das ist PDF, das Dateiformat, das Regierungen und Behörden gerne nutzen. Geben Sie also Folgendes ein:

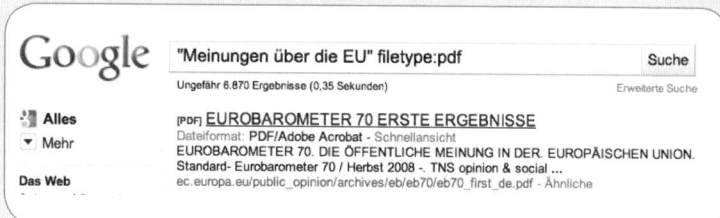

Sie landen bei einer Studie der EU von 2008. Immerhin gibt das Ergebnis den Hinweis, dass in der Studie die öffentliche Meinung in der Europäischen Union Gegenstand der Untersuchung ist und dass es sich um das Eurobarometer 70 handelt. Aus diesem Ergebnis lässt sich des Weiteren ableiten, auf welcher Site sich die Studien befinden. Gemeinsamer Nenner ist ec.europa.eu.

Vielleicht lässt sich mit diesen Angaben eine aktuellere Version finden. Wir modifizieren die Suche also:

Sie erhalten nun drei Ergebnisse von der Europäischen Union:

[PDF] **EUROBAROMETER 72**
Dateiformat: PDF/Adobe Acrobat - Schnellansicht
EUROBAROMETER 72. ÖFFENTLICHE MEINUNG IN DER EUROPÄISCHEN. UNION.
HERBST 2009. ZUSAMMENFASSUNG DER. HAUPTERGEBNISSE. NATIONALER
BERICHT. **DEUTSCHLAND** ...
ec.europa.eu/**deutschland**/.../eb72_executive_summary_germany_german_ version.pdf -
Ähnliche

Diese sind neueren Datums. Der erste Link ist direkt ein Treffer:

So leistungsfähig kann der Google-Code sein, wenn Sie sich das Zieldokument vorstellen.

Zurück zum Anfang dieses Buchs. Die ungelöste Aufgabe: *Suche eine echte Bewerbung.* Sie wissen inzwischen, dass Sie mit „Bewerbungsschreiben" nicht weiterkommen. Wenden Sie den Google-Code an. Öffnen Sie einige Bewerbungsschreiben und finden Sie heraus, welche Gemeinsamkeiten diese haben. Fast alle Schreiben enthalten folgende Begriffe:

ich

anbei oder **in der Anlage**

Lebenslauf

Stellen Sie sich das gesuchte Dokument vor. Die Dokumente stehen oft als PDF im Web. Geben Sie diese Informationen in Google ein:

Diese Suche sieht seltsam aus, aber sie funktioniert. Sie finden echte Bewerbungen. Auf Nachfrage bei den Verfassern scheint ein Teil versehentlich ins Netz geraten zu sein. So leistungsfähig kann der Google-Code sein.

> [PDF] **Lebenslauf**
> Dateiformat: PDF/Adobe Acrobat - Schnellansicht
> **Lebenslauf**. Persönliche Daten. Corinna⬛⬛⬛⬛. Isarstraße 56. 85356 Freising. Tel. 0⬛⬛
> ⬛⬛⬛ ... "Bavaria" (Fotos und Skizzen **in der Anlage**). Sonstiges ...
> www.jobfit.de/download/le_corin.pdf?sid= - Ähnliche
>
> [PDF] **Lebenslauf**:
> Dateiformat: PDF/Adobe Acrobat - Schnellansicht
> **Lebenslauf**: Stand: Dezember 2003. Persönliche Daten: Mathias ⬛⬛⬛⬛⬛ email: ⬛⬛⬛
> @⬛.de ... mehr Informationen und Projektliste **in der Anlage** seit 1999 ...
> www.fbta.uni-karlsruhe.de/~tias/vita-mw-12-2002.pdf

Die persönlichen Daten sind unkenntlich gemacht.

b. Welches Verzeichnis auf der Website?

Warum heißt es eigentlich A4? Wikipedia liefert nicht die genaue Antwort:

> # Papierformat
>
> Die Standardgrößen für **Papierformate** (siehe Papier) in Deutschland sind die vom Deutschen Institut für Normung (DIN) 1922 in der DIN-Norm DIN 476 festgelegten Formate. Entwickelt wurde der Standard vom Berliner Ingenieur Dr. Walter Porstmann. Der Entwurf gleicht den in Vergessenheit geratenen Entwürfen aus der Zeit der Französischen Revolution.
>
> Die deutsche Norm diente als Grundlage für das europäische bzw. internationale Äquivalent EN ISO 216, das wiederum in fast allen Ländern adaptiert worden ist. Unterschiede gibt es meist nur in den erlaubten Toleranzen. Parallel existieren, etwa in den USA, Kanada und Mexiko, auch traditionelle Systeme.
>
> In der Papier- und Druckindustrie erfolgt die Formatangabe grundsätzlich mit *Breite × Höhe*, und zwar immer in dieser Reihenfolge. Deshalb lässt sich daraus schließen, ob es sich um ein Hoch- oder ein Querformat handelt.

In der Antwort steht, dass es in einer DIN-Norm definiert wurde, aber woher stammt diese? Welche Herkunft hat der Begriff A4?

Websites sind häufig genauso aufgebaut wie die Ordner auf Ihrem Computer. Unter *Dokumente* haben Sie einen Ordner mit Projekten und in diesem Ordner *Projekte* allerlei Unterteilungen gemacht. (Oder Sie haben wie ich alles in *Dokumente* gespeichert.) Hier sehen Sie eine typische Ordnerstruktur:

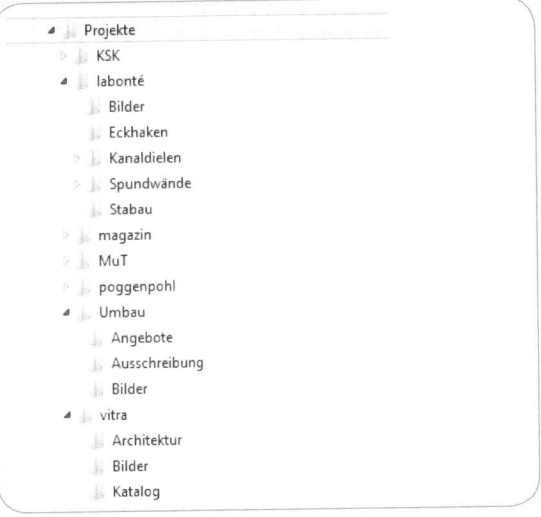

Die Ersteller von Websites verwenden eine ähnliche Einteilung. Im Ordner *Aktuell* legen Sie Nachrichten ab, in *Kontakt* allerlei Adressdaten. *Produkte* ist normalerweise der Katalog einer Firma. Die Ordnernamen geben allgemeine Hinweise, der Inhalt der Ordner ist konkret. Wie ist die Ordnerstruktur der folgenden Site aufgebaut?

Aktuelle Neuigkeiten | IT News / Presse | Software Initiative ...
24. März 2010 ... Der deutschen Wirtschaft wird Schätzungen von Experten zufolge durch falsche Softwarelizenzierungen in diesem Jahr ein Schaden in ...
www.softwareinitiative.de/news/aktuell/Falschlizenzierung - Im Cache

Die Ordnerstruktur ist: Softwareinitiative > News > Aktuell > Falschlizensierung. Häufig wird auch das Dateiformat des Dokuments ersichtlich.

Doch zurück zur Frage. Wie denkt jemand, der ein Dokument über die Herkunft des DIN A4-Formats ins Web stellt? In welchen Ordner legt er den Artikel? Logisch ist, dass er die Begriffe *origins* (Herkunft) und *A4* verwendet. Wie suchen Sie mit Google in den Ordnern von Websites? Das geht mit **inurl:**, gefolgt von Ihrem Suchbegriff.

Wir probieren das mit dem Begriff A4 aus. Ich weiß, dass ich *origins* und *A4* dabei haben möchte. Am liebsten hätte ich eine offizielle Quelle, z.B. ein Gutachten oder eine Studie. Das Dateiformat ist also PDF. Die Suche lautet:

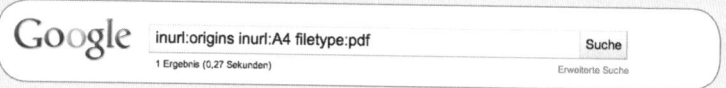

Wir sehen nur ein Ergebnis, so präzise haben wir gesucht.

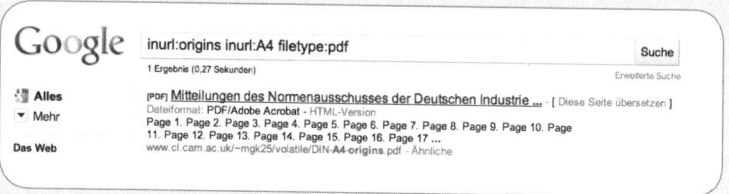

Bei näherer Betrachtung des Links sehen Sie, dass die Wörter *A4* und *origins* von Google fett gesetzt sind. Das beweist, dass Sie in der Ordnerstruktur gesucht haben und nicht im Text. Was bekommen wir zu sehen?

Wir landen bei einem historischen Text mit einer Abhandlung über Papierformate. Was jetzt? Wie zuverlässig ist diese eine Quelle?
Betrachten Sie den Link genauer:
http://www.cl.cam.ac.uk/~mgk25/volatile/DIN-A4-origins.pdf

Versuchen Sie, die Website durch die Vordertür zu betreten. Entfernen Sie „DIN-A4-origins.pdf" und geben Sie ein:
http://www.cl.cam.ac.uk/~mgk25/volatile/

Sie gehen in der Struktur der Website einen Ordner zurück. Vielleicht kommen Sie dadurch in einem höher gelegenen Ordner heraus, der weitere Information bietet. Leider sehen Sie jetzt eine leere Seite. Nehmen Sie dann noch etwas von dem Link weg:
http://www.cl.cam.ac.uk/~mgk25/

Jetzt sehen Sie doch etwas:

Computer Laboratory > Dr Markus Kuhn

Sie landen bei Markus Kuhn, einem Wissenschaftler an der Universität von Cambridge:

Dr Markus Kuhn

Auf seiner Homepage steht Folgendes:

International standard paper sizes explains the A4 format used today *everywhere* outside North America. (I dearly wish folks in the U.S. gave up their strange "Letter" format, which only causes headaches all over the planet for users of word processors, laser printers, and copying machines.)

Bingo. Der Mann hat eine Arbeit über die Geschichte von DIN A4 geschrieben:

International standard paper sizes

by Markus Kuhn

Standard paper sizes like ISO A4 are widely used all over the world today. This text explains the ISO 216 paper size system and the ideas behind its design.

The ISO paper size concept

Der Google-Code half diesmal, ohne dass Sie auch nur ein Wort im Text selbst gesucht haben. Sie haben nur nach den Ordnern einer Website geschaut. Das ist ein starker Trick. Wissen Sie noch, wie wir das Geburtsdatum von Hannelore Kraft gesucht haben? Wir fanden die Antwort letztendlich, indem wir „Hannelore Kraft geboren am" eingegeben haben. So wäre es auch gegangen:

Sie können Begriffe aus der Ordnerstruktur einer Website (= Form) mit Wörtern kombinieren, die im Text stehen (= Inhalt). Nehmen wir an, Sie suchen einen Prospekt von Strauss Innovation. Das kann in diesem Fall auch so funktionieren:

Mit **prospekt** suchen Sie nur nach dem Wort im Dokument, mit **inurl:strauss** schauen Sie nach, ob das Wort *strauss* in der Ordnerstruktur einer Website steht.

Mit dem Befehl **inurl:** können Sie auch allerlei verborgene Informationen finden. Die Axis 211 ist eine Webcam. In der Dokumentation steht, dass die Bilder von der Kamera immer im folgenden Ordner gespeichert werden: view/index.shtml. Google findet mit der folgenden Suche mehr als 400.000 Kameras:

Längst nicht alle Kameras sind für den öffentlichen Gebrauch gedacht, wie z.B. diese Überwachungskamera in einem Hotel:

Mit inurl: können Sie auch sehr praktisch Rabatte aufspüren:

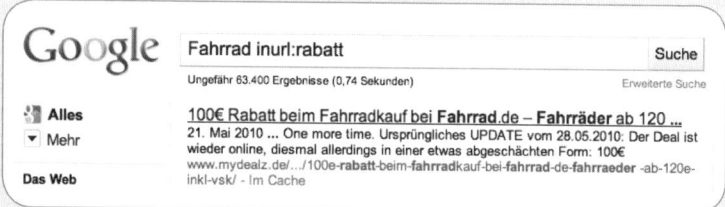

c. Wie lautet der Titel?

In Google können Sie den Titel eines Dokuments im Web mit dem Befehl **allintitle:** durchsuchen.

Warum sollten Sie diesen Befehl benötigen? Darum: Angenommen, Sie machen eine Site über Hamster. Sie geben alles für dieses Projekt. Schließlich sind Sie fertig und überlegen einen Titel für Ihre Site. Sie wählen „Alles über Hamster". Wenn ich die Site in Google finden möchte, gebe ich ein:

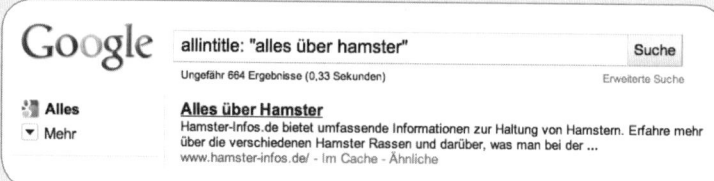

Mit **allintitle:** spekulieren Sie, wie eine Site heißt, den Text dagegen durchsuchen Sie *nicht*. Das funktioniert auch in Google Bilder (oder anderen Google-Diensten):

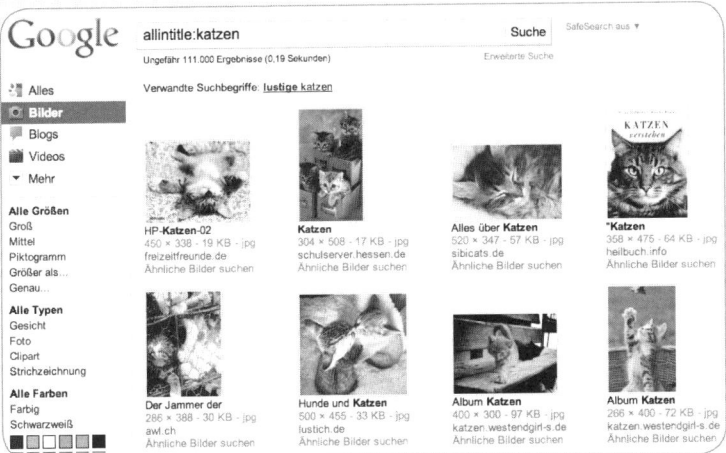

Noch ein Beispiel: Ich suche eine Site, auf der ich Studiengänge miteinander vergleichen kann. Was könnte über so einer Site stehen? Was ist der Titel einer Site, mit der Sie Studiengänge vergleichen können? Die folgende Anfrage sieht logisch aus:

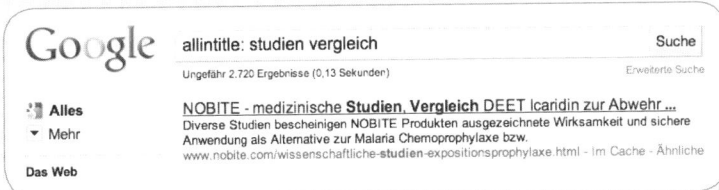

Das geht schief. Ich lande bei medizinischen Studien. Versuchen Sie es erneut, jetzt im Singular. Sie haben in diesem Buch bereits gesehen, dass der Wechsel zwischen Singular und Plural den Unterschied zwischen einem guten und schlechten Ergebnis ausmachen kann.

Google allintitle: studium vergleich Suche

Ungefähr 4.390 Ergebnisse (0,35 Sekunden)

Erweiterte Suche

Alles
▼ **Mehr**

Das Web
Seiten auf Deutsch
Seiten aus
Deutschland

▼ Mehr Optionen

Bachelor u. Bachelor-**Studium Vergleich** | Bachelor-**Vergleich**
Ein Bachelor-Abschluss stellt eine zunehmend anerkannte Qualifikation für die Berufswelt dar.
Erfahren Sie mehr zum Bachelor und dem Bachelor-Studium auf ...
www.bachelor-vergleich.com/ - Im Cache - Ähnliche

Studium - Alle Studiengänge, Alle Universitäten im **Vergleich**. Der ...
www.young.de | die coole Community für Jungs und Mädels!
www.young.de/**studium**/ - Im Cache - Ähnliche

Fernstudium-**Vergleich** - **Studium**
Der unabhängige Vergleich für das Fernstudium. Sprachkurs, BWL oder Fernabitur - hier
finden Sie den richtigen Anbieter für das Fernstudium.
www.fernstudium-vergleich.de/glossar/**studium**.html - Im Cache

BAföG im Master-**Studium** | Master-**Vergleich**.com
Wer während des Master-Studiums wenig Geld hat, kann mit staatlicher Unterstützung durch
das BAföG rechnen. Voraussetzungen und Regelungen für das BAföG auf ...
www.master-vergleich.com › Finanzierung - Im Cache - Ähnliche

Das sieht schon viel besser aus.

STUDIENGANG	HOCHSCHULE	STUDIENRICHTUNG	STUDIENTYP	ORT	
Medienwissenschaften	Universität Siegen	Medien und Kommunikation	Bachelor	Siegen	Details
Medienwissenschaft	Universität Regensburg	Medien und Kommunikation	Bachelor	Regensburg	Details
Informationswissenschaft	Universität Regensburg	Medien und Kommunikation	Bachelor	Regensburg	Details
Medien und Kommunikation	Universität Passau	Medien und Kommunikation	Bachelor	Passau	Details
Medienwissenschaft	Universität Paderborn	Medien und Kommunikation	Bachelor	Paderborn	Details
Kommunikations - und Medienwissenschaft	Universität Leipzig	Medien und Kommunikation	Bachelor	Leipzig	Details
Internationales Informationsmanagement	Universität Hildesheim	Medien und Kommunikation	Bachelor	Hildesheim	Details
Medien- und Kommunikationswissenschaft	Universität Hamburg	Medien und Kommunikation	Bachelor	Hamburg	Details

Der Google-Code und „sich das Dokument vorstellen"

Viele Schulen lassen online Privatdaten durchsickern

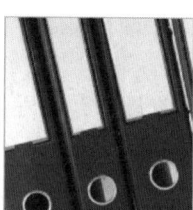

Veröffentlicht: Donnerstag, 10. September 2009
Autor: Loek Essers

Die Hochschule Utrecht ist mit einem Leck im Intranet bestimmt nicht allein. Der Schutz von Netzwerken und Privatdaten scheint im Bildungsbereich keine Priorität zu haben.

Schulen schenken dem Online-Schutz der Privatdaten von Studenten und Dozenten viel zu wenig Aufmerksamkeit. Besonders auf Hochschulebene sind viele Informationen wiederzufinden. Das sagt Suchexperte Henk van Ess: "Sie sehen an sehr vielen Fachhochschulen, dass eine Reihe der Intranets einfach offen sind."

Im obigen Artikel über Lecks auf Bildungssites wurde ich als Suchexperte zitiert. Seit Sie den Google-Code und das Prinzip, sich das Zieldokument vorzustellen, klug zu kombinieren wissen, sind Sie das auch. Wie entdeckte ich diese Lecks? Mein erster Gedanke war: Womit habe ich die größte Chance, einen internen Ordner zu finden? Ich wählte **inurl:intranet**. Ein Intranet ist ein geschlossenes Netzwerk. Das Wort **intranet** steht meistens im Ordnernamen einer Website. Der zweite Schritt, um meine Suche auf Schulen zu begrenzen, bestand darin, z.B. *schule, hochschule, hochschulen* und *universität* einzugeben, immer begleitet von **inurl:intranet**. Hiermit fand ich viele geschützte Homepages von Intranets, aber noch keine Dokumente. Ich nahm einen häufigen Dateityp in den Google-Code auf: **filetype:doc**. Hier die vollständige Suche:

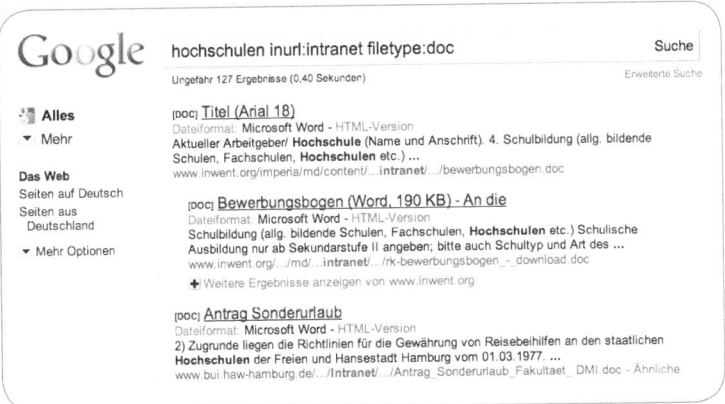

Mit demselben Ansatz fand ich ein internes Formular für Bombenmeldungen, das ich aus Gründen des Datenschutzes hier nicht zeige.

Noch ein Beispiel: Ich suche eine Studie über berufsbedingte Allergien (fragen Sie nicht, warum). Erst der Google-Code: Können Sie sich Begriffe aus der Studie vorstellen? Ein häufig verwendeter Ausdruck ist *Berufserkrankung*. Der zweite Schritt: Welche Eigenschaften des Dokuments kann ich annehmen? Ich hoffe, dass das Dokument im Ordner *Studie* oder *Studien* steht, und gebe daher **inurl:studie** ein. Zum Schluss möchte ich gerne eine offizielle Studie finden. Das tue ich mit **filetype:pdf**.

Die komplette Suche liefert genau einen Treffer:

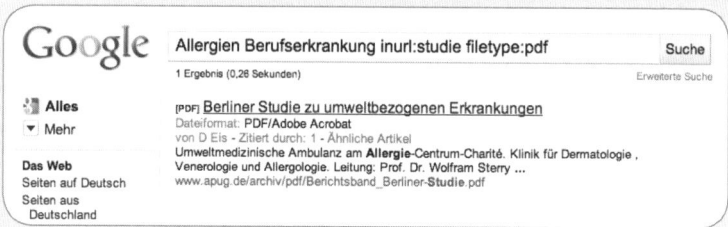

Diese Art der Suche ist auch ideal, um schnell Anleitungen von Geräten zu finden. Ich suche eine Anleitung des Philips-Telefons ID555. Folgendes geht nicht:

Das hingegen schon:

Ich habe diese Suche mit dem Google-Code begonnen, mit Ausdrücken, die fast sicher im Dokument stehen. Ich wähle **Telefon anschließen**, eine mögliche Überschrift in der noch unauffindbaren Anleitung. Dahinter gebe ich **ID555** ein, die Typenbezeichnung. Im Titel der Site müsste *Anleitung*, *Bedienungsanleitung*, *Manual* oder *Handbuch* stehen, aber ich finde nichts. Ich versuche es daher ohne diese Einschränkung. Danach schränke ich den Typ des Dokuments ein, das wahrscheinlich ein PDF ist. Es müsste irgendwo auf der Site von Philips stehen, aber ich weiß nicht, ob auf philips.de oder philips.com. Mit **site:philips.*** schließe ich beide ein.

Registrieren Sie Ihr Produckt und holen Sie sich
Unterstützung unter

www.philips.com/welcome

ID555

Für den Rechtschreibfehler ist der Google-Code nicht verantwortlich.

Die Suche „Telefon anschließen" ID555 filetype:pdf site:philips.* ist natürlich nicht die einfachste Methode, eine Anleitung zu finden. Viel angenehmer ist es, wenn Sie schon eine Quelle kennen, wo Sie Gebrauchsanweisungen finden können. Wie spüren Sie eine solche Site auf?

Setzen Sie den Google-Code ein. Welcher Begriff sollte auf einer Website mit Bedienunganleitungen hundertprozentig zu finden sein? Wahrscheinlich ist es **Bedienungsanleitungen** oder **Gebrauchsanweisungen**:

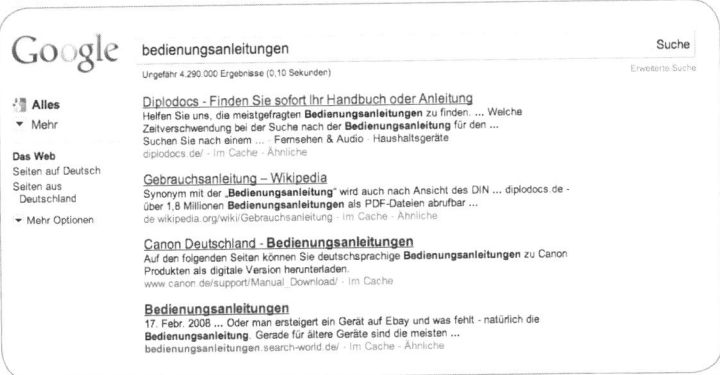

Wählen Sie den Hersteller und das Produkt bzw. die Modellbezeichnung und starten Sie die Suche. Beim ersten Link finden wir die Anleitung für das Telefon:

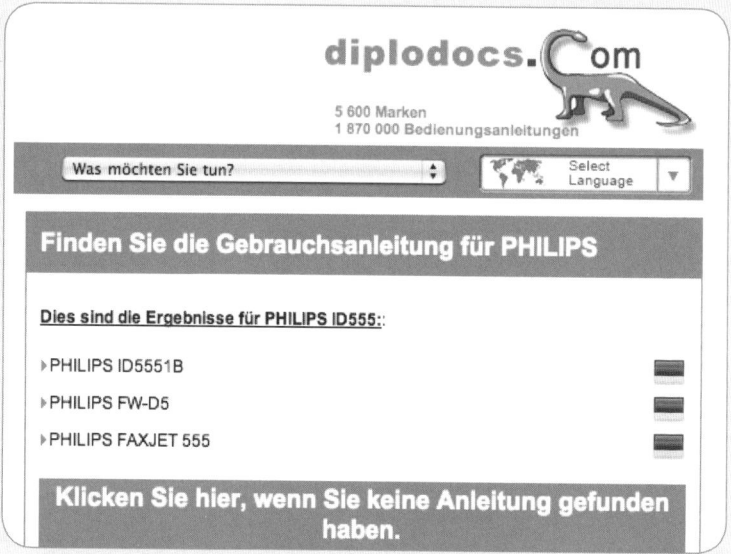

Gehen Sie jetzt selbst an die Arbeit mit dem Google-Code. Versuchen Sie künftig immer zu bedenken, wie Sie selbst einen Satz formulieren würden, in dem die gesuchte Antwort steht. Ich wünsche Ihnen sehr viel Erfolg!

Benötigen Sie Hilfe beim Anwenden des Google-Codes? Besuchen Sie das Forum auf www.googlecode.nl und hinterlassen Sie Ihre Frage. Wir suchen dann zusammen nach der Antwort.

Über den Autor

Henk van Ess ist Internetexperte und betätigt sich als Referent, Veranstalter von Kongressen, Wissenschaftsjournalist und Internettrainer/Consultant in den Niederlanden, Belgien, Deutschland, Großbritannien, Canada und den USA. Er ist Dozent für Multimedia und Internet an der Universität von Amsterdam und der Erasmusuniversität in Rotterdam. Für die Henri-Nannen-Schule in Hamburg schult er Mitarbeiter von *Stern*, *Die Zeit* und *Spiegel* und ist ständiger Dozent an der Hochschule von Mechelen.

Van Ess ist Vorstandsmitglied der niederländisch-flämischen Vereinigung für investigativen Journalismus und Mitbegründer des European Centre for Computer Assisted Research. Für beide Vereine beschäftigt er sich mit (dem Veröffentlichen von) digitalen Quellen, Internetrecherche und Bildung. Außerdem ist er für die ARD.ZDF medienakademie in Hannover tätig. Auf Kongressen referiert er über das Internet, insbesondere über Google, Echtzeitsuche (z.B. auf Twitter), Datenschutz und Suchdienste. Außerdem erstellt er selbst regelmäßig Suchdienste, z.B. über die Pflegeheim Top 100 des *Volkskrant* oder die Lehrerbesoldung (AOB). Henk schulte in den vergangenen Jahren mehr als tausend Journalisten im In- und Ausland sowie 750 Mitarbeiter von Unternehmen, darunter von Banken, Ministerien, Polizei, Bibliotheken und Mediatheken sowie Inspektoren und Produktentwickler. Lernen Sie, den Google-Code auch innerhalb Ihres Betriebs anzuwenden, und nehmen Sie über http://www.google.com/profiles/voelspriet Kontakt mit Henk auf.

Index